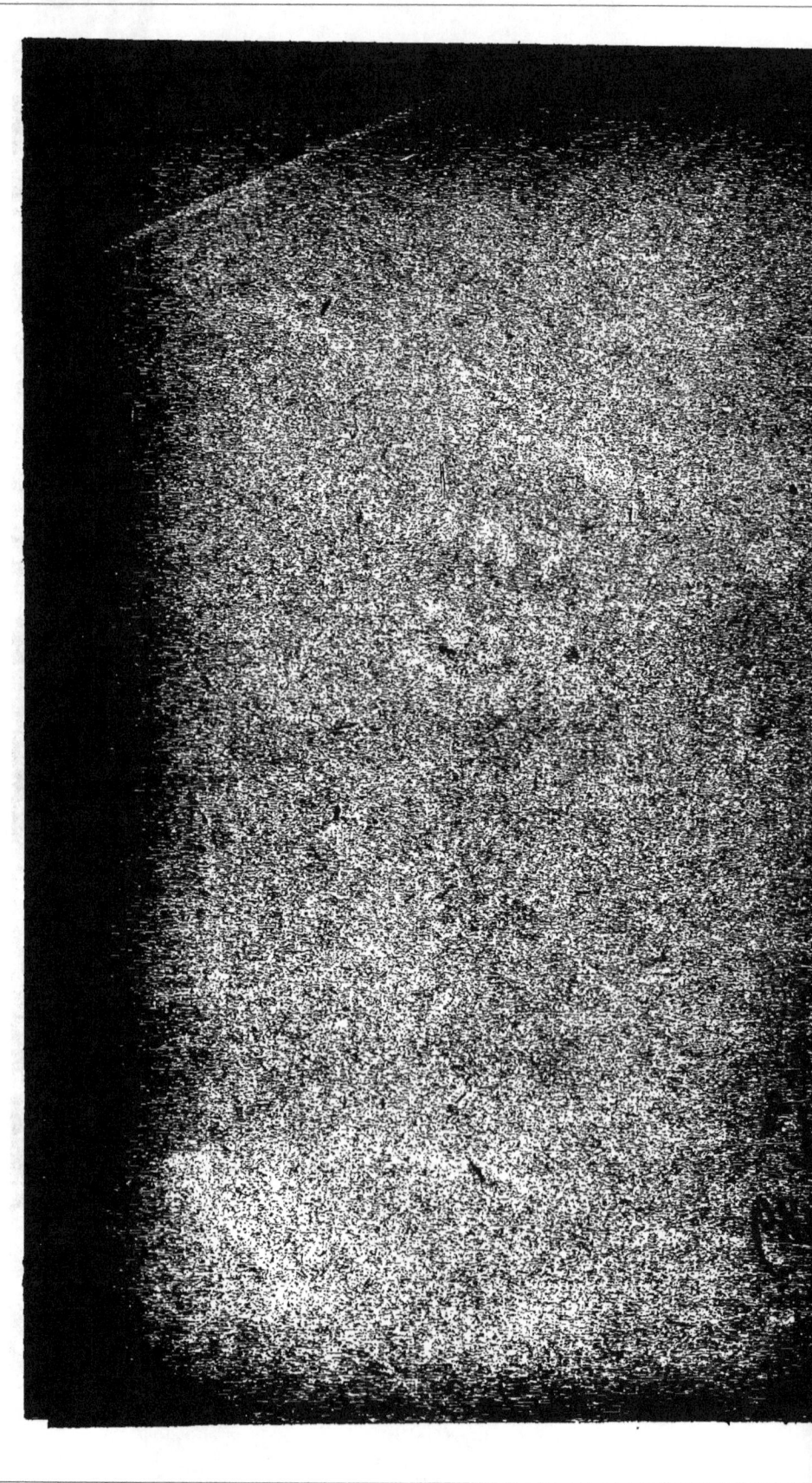

ROME
ET
L'ACTION LIBÉRALE

L'auteur réserve tous ses droits.

L'ouvrage a été déposé en août 1906.

ROME
ET
L'ACTION LIBÉRALE POPULAIRE

HISTOIRE ET DOCUMENTS

Par l'abbé Emmanuel BARBIER

Auteur de « Cas de Conscience » :
Les Catholiques Français et la République.

POITIERS
BLAIS & ROY, IMPRIMEURS
7, RUE VICTOR HUGO, 7

PARIS
LIBRAIRIE J. VICTORION
4, RUE DUPUYTREN, 4

AVANT-PROPOS

Ce n'est pas sans appréhensions que j'écris ce livre.

La principale, et, à vrai dire, la seule, est celle de contrister involontairement nombre de personnes faisant partie de l'Action Libérale et qui, à bon droit, s'estimeront parfaitement indemnes de mes critiques.

Ce sont d'excellents catholiques, donnant avec générosité leur concours et leur argent, très désireux de suivre la bonne direction et convaincus qu'elle ne leur a pas fait défaut.

Il y a même une certaine différence de régions et de milieux qui, non seulement empêche l'Inspiration maîtresse de cette Ligue d'avoir un rayonnement partout égal, mais encore lui soustrait complètement, ici ou là, l'esprit de ses adhérents.

Les éclairer sur cette direction est donc une tâche ingrate. La désillusion et la déception qui doivent en résulter pour tant de braves gens me touche infiniment plus que la perspective claire de passer pour un censeur rétrograde, méticuleux et chagrin.

J'ai eu un moment, avant de prendre la plume, je n'ai plus aujourd'hui l'appréhension de manquer de justice et d'outrepasser la vérité.

Cette crainte m'avait causé un instant de trouble. Le procès était déjà tout débattu dans mon esprit, quand je vins à relire l'Almanach de l'Action Libérale Populaire pour l'année 1906. Après avoir passé en revue ces comptes-rendus pleins de promesses et ces articles excellents, je fermai la brochure pour recueillir mes impressions. Alors je demeurai perplexe. Etait-il juste, était-il sage, était-il opportun d'aller publiquement à l'encontre d'une direction avec laquelle il semblait qu'on fût complètement d'accord ? Tout à coup une pensée me traversa l'esprit :

dans cette publication populaire destinée à répandre par le pays le programme de défense et d'action des catholiques français, il n'y a pas une seule affirmation de croyance, et le nom de Dieu s'y rencontre à peine !

C'était exact, je le constatai en reprenant chaque page (1). A cet instant, je me sentis affranchi de toute incertitude. — Aime Dieu et va ton chemin.

L'unique souci de l'honneur divin et du salut national me guide. Je ne crains donc pas qu'à l'égard du chef très méritant de l'Action Libérale il m'arrive d'oublier, en écrivant, la haute considération que tous les catholiques lui doivent, ni d'être blessant envers qui que ce soit.

Cet audacieux essai ne devrait-il pas m'inspi-

---

(1) Le nom de Dieu s'y trouve deux fois, dans deux citations, l'une de M. Piou parlant de cette armée « qui sera, Dieu aidant, l'armée de la revanche », l'autre de M. de Marcère, dans un discours : « Pour Dieu et pour la Patrie ! » C'est tout. Non seulement on n'y voit aucune affirmation de croyance, mais quoi qu'on attribue à telle ou telle personnalité la qualité de catholique, l'Association se garde bien de se l'appliquer. Il n'y est question que de son libéralisme. Ce n'est pas une *alliance* des catholiques avec les libéraux, c'est une *fusion* avec ceux-ci. Toute la question est là.

rer quelqu'appréhension personnelle ? « Le Pape lui cassera les reins », disait récemment un évêque, en parlant de votre serviteur. Ce prélat était probablement bien informé des efforts déployés en vue de ce résultat, par des gens qui ont, en effet, le bras très long, et qui trouveraient plus simple ce moyen de discréditer certaines études sur la politique régnante de Ralliement et sur la dangereuse école du *Sillon*.

Nul ne peut, évidemment, s'il touche à ces questions brûlantes, se croire complètement à l'abri d'un blâme d'inopportunité. Naïf, plus encore que présomptueux, celui qui s'en flatterait. Je suis donc bien loin de le braver ; mais enfin ce blâme, même accidentel, n'est point encore venu de source autorisée.

Quant à un jugement portant sur le fond et atteignant les propositions émises, je confesserai bonnement pourquoi je ne le redoute point. C'est d'abord parce que je n'aurais aucune répugnance à l'accepter avec docilité, car rien ne met plus à l'aise que « d'aller au vrai avec toute son âme » ; mais c'est aussi parce que j'ai la confiance de défendre la vraie doctrine de l'Église

Même cette confiance est telle que, loin d'indiquer seulement par ci par là mon opinion pour échapper plus facilement, je vais la formuler en thèses au début de chaque chapitre. Les contradicteurs auront donc beau jeu pour les dénoncer ou pour en infirmer la démonstration.

L'*Osservatore Romano* a publié sur nos récentes élections législatives une série d'articles de valeur très contestable. L'un d'eux était même si manifestement tendancieux, il blessait si injustement les catholiques et contenait des informations si ridicules que, deux jours après, la direction du journal dut en dégager sa responsabilité.

Le dernier de ces articles donnait le jugement de l'*Osservatore* sur le résultat des élections, et relevait, malgré nos échecs, deux principaux motifs d'espoir pour les catholiques français : la division qui ne peut manquer de mettre aux prises les fractions de la majorité sur les réformes sociales, et les progrès croissants, les succès de l'Action Libérale sur laquelle il s'exprime ainsi :

« Ce parti autour duquel nous-mêmes, à la veille

de la lutte, avons exhorté les catholiques français à se grouper, et qui représente, pour ainsi parler, le germe fécond de la future régénération de la France, cette France qui, avant de penser et de se préoccuper si elle doit être républicaine ou monarchiste, a à se rappeler, si elle ne veut faillir à ses traditions les plus glorieuses, qu'elle est essentiellement et sincèrement catholique...

« C'est autour de ce parti, qui représente ce qu'offre de mieux à présent l'organisation des catholiques français, que ceux-ci doivent se grouper toujours plus nombreux et plus compacts, assurés qu'ils sont qu'à ce parti est réservé l'avenir, que de grand cœur nous lui souhaitons prospère et riant... »

(*L'Univers*, 27 mai 1906.)

Suivant l'habitude d'esprit que certains meneurs de l'opinion catholique en France nous ont inculquée depuis une quinzaine d'années, on s'est efforcé d'attribuer à ces paroles la valeur d'un oracle pontifical. C'est ainsi que la *Semaine religieuse d'Annecy* dit à ce propos, sans plus de phrases, et textuellement : *l'Osservatore Romano a parlé, les catholiques n'ont qu'à obéir.*

La seule nécessité de redresser une mentalité aussi fausse et aussi dangereuse expliquerait ce livre.

L'occasion est donc favorable pour entrer dans le fond du débat; et l'époque même y est propice, puisque nous sommes à cette heure de recueillement qui précède la reprise d'une campagne.

Et maintenant le moi haïssable, qui a pris une trop grande place dans ces premières lignes, n'a plus qu'à s'effacer pour laisser parler les faits.

ROME ET L'ACTION LIBÉRALE

CHAPITRE PREMIER
Le Pape et la Politique

Thèse.

Il appartient a l'église et a son chef de juger la conduite politique des citoyens d'un état dans ses rapports avec la morale et la religion, mais non d'en prendre la direction active (1).

Au même point de vue, l'église et son chef se prononcent avec autorité sur la valeur des moyens employés dans la politique, mais ils n'ont pas a déterminer eux-mêmes le choix de ces moyens.

Il n'importe pas moins de maintenir la distinction du domaine politique et du domaine religieux, que de reconnaître leurs rapports néces-

(1) Le cas de l'Italie est très spécial. Le pape y exerce les doubles droits de chef spirituel et de prince temporel. L'impossibilité de sacrifier les Etats de l'Eglise crée aux catholiques des devoirs particuliers envers lui.

saires et la subordination de l'un à l'autre dans ces relations.

S'il est vrai que la politique n'est et ne peut être que l'application de la morale au gouvernement du pays, dans les États chrétiens, et si la morale est essentiellement liée à la religion, il s'ensuit avec évidence que l'Église, le Pape, gardiens de la morale et de la religion, ont, à ce titre, un droit d'intervention dans la politique.

Ce droit, l'Église le tient du triple pouvoir doctrinal, législatif et judiciaire, inhérent à sa constitution divine. Aucun catholique ne peut le contester ni s'y soustraire.

C'est par usage de ce droit que le Souverain Pontife Léon XIII, dans sa *Lettre aux Français*, rappelait l'obligation d'accepter le gouvernement établi, de se soumettre aux lois justes émanant de lui, et le devoir, pour les catholiques, de s'élever au-dessus des divisions de partis, afin de concentrer tous leurs efforts dans la résistance à la conjuration antireligieuse.

Je suppose que, dans ce dessein, les catholiques aient fait un pacte formel avec les socialistes, pour renverser les hommes au pouvoir. Si Léon XIII avait jugé contraire à la morale de s'allier aux ennemis de la société, il aurait encore fait usage de ce droit en le déconseillant, et sa voix aurait dû être écoutée.

Il pourrait arriver demain que le Pape, mieux informé de la véritable direction donnée à l'*Action libérale populaire*, la blamât d'abandonner les droits de l'Église pour ne se réclamer que du droit commun, et de sacrifier l'alliance de vrais catholiques, tels que sont la plupart des monarchistes, à celle de libéraux partisans de la sécularisation de l'État. Ce serait encore l'exercice légitime, indiscutable, de ce droit; et le devoir serait de s'y soumettre.

Mais si le Pape, ou le nonce, son représentant, prenait l'initiative de présider à l'organisation des catholiques en face du pouvoir oppresseur, de recommander telle forme d'association et de s'opposer à telle autre, cette intervention n'aurait d'autre valeur que celle d'un conseil, digne évidemment de la plus haute déférence, mais enfin laissant intacte la liberté des citoyens.

Lorsqu'en juin 1871 M. de Bismarck sollicita Rome d'empêcher la formation d'un parti politico-religieux, et mettait à ce prix l'abandon de son projet de Kulturkampf, le cardinal Antonelli lui répondit au nom de Pie IX : « *Le Saint-Siège ne se reconnaît pas le droit de donner aux catholiques allemands des instructions touchant leur attitude politique.* »

Une telle déclaration est d'autant plus intéressante, dans le cas débattu ici, que la formation de ce parti avait justement pour but la défense des intérêts religieux.

Les motifs de cette réserve pontificale sont faciles à comprendre. Précisément parce que tout acte politique a rapport à la morale, et parce que le souci de la religion ne doit jamais être étranger à la conduite du citoyen, l'Église se défend de revendiquer indistinctement une autorité directe et souveraine sur tous ces actes.

C'est ce que Léon XIII exprimait dans un discours aux catholiques belges :

« L'Eglise laisse à ses enfants toute liberté d'action dans les affaires purement politiques, pourvu que cette action soit réglée par les principes de la justice et de la morale chrétienne. »

S'il en était autrement, la société politique serait privée de toute indépendance, contrairement à la doctrine formelle de l'Eglise, rappelée par Léon XIII, en ces termes, dans l'Encyclique *Immortale Dei:*

« Dieu a donc divisé le gouvernement humain entre deux puissances : la puissance ecclésiastique et la puissance civile; celle-là préposée aux choses divines, celle-ci aux choses humaines. Chacune d'elles en son genre est souveraine; chacune est renfermée dans des limites parfaitement déterminées et tracées en conformité de la nature et de son but spécial. Il y a donc comme une sphère circonscrite dans laquelle chacune exerce son action *jure proprio*...

« Chacune a sa souveraineté propre, et aucune des deux n'est tenue d'obéir à l'autre dans les limites où chacune d'elles est enfermée par sa constitution, pour la gestion des intérêts qui sont de sa compétence. »

Or, cette formule affranchit logiquement les citoyens d'un État, agissant comme citoyens et exerçant les droits civiques et politiques dans cet État, du pouvoir spirituel dont est affranchi l'État lui-même. La mesure de cette liberté est fixée par les principes de la justice et de la morale chrétienne, qu'il appartient à l'Église de rappeler, d'imposer, de venger. Tant que cette limite n'est pas dépassée, l'Église s'abstient d'intervenir dans l'exercice des droits civiques et politiques.

Il est donc impossible d'accepter, sans les plus fortes réserves, les assertions qu'on trouve dans un article de l'*Osservatore Romano* du mois d'août 1895. Car si le chrétien ne doit pas être *séparé* du citoyen, il y a cependant lieu de *distinguer* entre eux; et le désir de justifier la théocratie à laquelle Léon XIII rêvait peut-être de ramener la démocratie universelle, ne suffit pas pour autoriser théologiquement l'absolue suprématie du Pape sur le citoyen comme sur le chrétien. Laissons en ce moment de côté, par courtoisie, la question de savoir si les catholiques italiens offrent aux Français un aussi parfait modèle que *l'Osservatore* se plaît à le dire, n'examinons que sa théorie.

Voici le principal passage de cet article :

Un chef, dans le vrai sens du mot, les catholiques sont seuls à l'avoir, en quelque endroit et dans quelque condition qu'ils se trouvent. Quand fait défaut l'union des catholiques ? Quand ceux-ci ou ceux-là repoussent « l'unité du chef » *pour prendre comme chef un homme qui ne peut être leur chef que dans un ordre spécial, secondaire, contingent d'idées et de faits, de vie et d'action.*

En Italie, grâce à Dieu, les catholiques sont demeurés tous unis, *parce qu'au lieu de se livrer à des discussions subtiles et chimériques sur l'étendue de leur soumission et de leur devoir,* ils ont obéi complètement à leur chef. Ce chef n'a pas été créé par la fantaisie, ni par la passion, ni par les préjugés, ni par l'intérêt de tel ou tel ; mais ils ont respectueusement accueilli celui que Dieu leur a donné pour leur bien spirituel et temporel tout à la fois, et cela, comme chrétiens, comme hommes et comme citoyens.

Les catholiques italiens n'ont pas *distingué ni séparé en eux-mêmes le chrétien du citoyen*, voilà pourquoi ils ne sont éloignés du Pape, ni en religion, ni en politique, sachant bien que ce que le Pape prescrit ou interdit a autant de valeur pour le catholique *que pour le citoyen*, est aussi avantageux à la religion *qu'à la patrie*, et qu'ainsi, en obéissant au Pape, en tout et pour tout, on se montre en même temps bon catholique et bon patriote.

Ces paroles semblent l'affirmation de la souveraineté universelle du Pape, elles posent le principe d'une théocratie qui n'est nullement dans l'esprit de l'Église et contre laquelle les Papes seraient les premiers à protester.

A un point de vue différent, M. l'abbé Brettes, chanoine de Paris et prédicateur justement renommé, a publié une brochure dont *l'Univers* et *la Croix* firent le plus grand éloge. Il y fait valoir des raisons spéciales de reconnaître au Saint-Père un droit de diriger la politique en France. C'est, explique-t-il, « que la France est *le peuple de Dieu* du Nouveau Testament, le peuple-prêtre de Jésus-Christ. »

Sans recourir à des arguments d'exception aussi singuliers, voici comment *la Croix*, à la veille des élections de 1893, formulait elle aussi le droit direct et absolu du Pape en matière politique, dans un dialogue dont il faut savoir excuser ici la forme populaire et triviale :

— Pour lors, qu'est-ce qui est ton chef?
— Dame, c'est le curé de Grenelle, puisque c'est ma paroisse !
— Et après lui ?
— C'est l'archevêque de Paris.
— Et après lui ?
— C'est le Pape.
— Bien, petit !... Donc tu dois écouter le Pape, et ton archevêque, et ton curé, qui sont plus futés que toi.
— Ça c'est juste ! Seulement, père Narquoisy, il y a un cheveu !
— Passe-moi-le, fiston, ça me rendra service !
— Père Narquoisy, vous n'êtes pas sérieux ! Je vous parle de politique, et vous, vous me parlez de la religion, ça n'est pourtant pas la même chose !
— Apparemment, moutard !... Qu'est-ce que je t'ai dit tout à l'heure ?... Que la politique, c'était de la blague !... Eh bien, le Pape, qui est un malin, s'est aperçu que, dans la politique, il y avait des gens qui parlaient très bien : « Pour Dieu ! Pour la patrie ! sauvons le catholicisme ! Le trône et l'autel ! Le Roi, bientôt, viendra restaurer la religion chrétienne et reprendre les traditions des rois et empereurs chré-

tiens, Philippe le Bel, Louis XIV, Napoléons Ier, Louis XVIII, etc. » Il en était bien heureux !

Seulement, il s'est aperçu aussi que ces gens qui parlaient si bien restaient les pieds sur les chenets, ou, tristement et tout en pleurs à la vue des malheurs de l'Église, s'en allaient danser et caqueter dans les salons du noble faubourg, que la religion, au nom de laquelle ils parlaient et qu'ils défendaient, recevait tous les coups, que les rois ne se souciaient pas de revenir, que les apprentis empereurs, ou mangeaient du saucisson le Vendredi-Saint, ou se suicidaient sur le tombeau de leur maîtresse, bref, LE PAPE S'EST DIT QUE LA POLITIQUE N'ÉTAIT QU'UNE BLAGUE IMMENSE, et comme chef du catholicisme, IL A DÉCIDÉ QU'ON NE SERAIT PLUS EN FRANCE QUE CATHOLIQUE ET FRANÇAIS.

— Tiens ! c'est déjà pas si bête !

— J'te crois, Narcisse !... De sorte qu'il n'y a plus pour nous, qui sommes baptisés, de radicaux, de conservateurs, d'opportunistes, d'anarchistes, de possibilistes...

— A vos souhaits, père Narquoisy !...

A quoi la *Gazette de France* répondait très justement :

Les catholiques n'ont aucune opinion politique. Ils sont prêts à retourner à leurs errements monarchiques, comme ils ont abdiqué leurs préférences, selon la tactique conseillée et ordonnée par la Curie romaine.

Ils se rallient et se dérallient, non par conviction personnelle, non par devoir civique, non par intérêt national, non parce que la raison, l'expérience, le patriotisme les inspirent et les guident, mais pour complaire au Souverain Pontife.

Et l'on s'étonne ensuite que les républicains sachant que, sur un ordre du Vatican, les ralliés, tous ou presque tous abandonneraient la République, on s'étonne que les républicains traitent les catholiques comme de mauvais Français et de mauvais citoyens.

Ne voit-on pas, ne sent-on pas que le pire outrage que l'on puisse jeter à la face des catholiques, c'est de supposer qu'ils sont étrangers aux conflits d'opinions et de doctrines qui divisent notre pays, et que, n'étant d'aucun parti, ils les renient et les trahissent tous, par obéissance ou complaisance aux ordres de la Curie romaine ?

Les républicains seraient vraiment naïfs ou bien débonnaires s'ils livraient leur régime à des hommes qui, sur un signe de Rome, l'embrasseraient ou l'étoufferaient avec un égal empressement !

Et ce journal faisait remarquer très judicieusement que l'ultramontanisme de ces catholiques autorise le gouvernement à leur tenir ce langage : « Vous n'êtes pas des Français comme les autres. Vous n'êtes pas fondés à réclamer des garanties accordées au reste des citoyens... Puisque vous vous mettez hors du droit commun, il est juste qu'on vous place sous des lois d'exception. »

Ces doctrines exagérées sont, en effet, des armes à deux tranchants, elles blessent ceux qui s'en servent.

J'ai déjà eu l'occasion de faire observer que la traduction des Encycliques de Léon XIII, vulgarisée en France, contient parfois des assertions très différentes de celles du texte authentique (1); et j'ai cité en exemple le passage où l'indifférence de l'Église à l'égard des diverses formes de gouvernement se trouve érigée *en règle de conduite pour les citoyens* (2). C'est la théorie impliquée dans l'article de *la Croix,* une erreur formelle.

Voici un autre passage de la même Encyclique où l'on pourrait être tenté de chercher l'affirmation de la suprématie absolue du Pape en politique, du Pape et des évêques : tout serait soumis à leur sagesse politique. Mais il n'est personne qui, comparant les textes, ne reconnaîtrait cette trahison des mots par laquelle la sagesse de gouvernement dans l'ordre où l'Église l'exerce, au sens précis de la thèse énoncée plus haut, comme le contexte le prouve clairement,

(1) Cas de conscience, chapitre XI.
(2) *Sapientiæ christianæ*. Maison de la Bonne Presse, p.291.

devient *la sagesse politique* des chefs ecclésiastiques.

Léon XIII traite de la subordination nécessaire :

Hæc dispositio atque hic ordo tanto magis valere in christiana republica debet, quanto Pontificis politica prudentia plura complectitur ; ejus enim est non solum regere Ecclesiam, sed generatim civium christianorum actiones ita ordinare, *ut cum spe adipiscendæ salutis æternæ apte congruant*. Ex quo apparet, præter summam sententiarum concordiam et factorum, necesse esse politicam potestatis ecclesiasticæ observare in agendo sapientiam. Jamvero christianæ rei administratio proxime et secundum Pontificem romanum ad Episcopos pertinet : qui scilicet, quanquam pontificalis

Ces mêmes dispositions et ce même ordre doivent se retrouver au sein de la société chrétienne, et cela d'autant plus que *la prudence politique* du Pontife Suprême s'étend à un plus grand nombre d'objets. En effet, il n'a pas seulement à gouverner l'Eglise dans son ensemble, mais encore à ordonner et à diriger les actions des citoyens chrétiens en vue de la réalisation de leur salut éternel. *On voit par là combien il est indispensable* qu'outre la parfaite concorde qui doit régner dans leurs pensées et dans leurs actes, *les fidèles prennent toujours religieusement pour*

fastigium potestatis non attingunt, sunt tamen in ecclesiastica hierarchia veri principes.	règle de leur conduite la sagesse politique de l'autorité ecclésiastique. Or, immédiatement après le Pontife Romain, et sous sa direction, le gouvernement des intérêts religieux du christianisme appartient aux évêques. S'ils ne sont pas placés au faîte de la puissance pontificale, ils sont cependant véritablement princes dans la hiérarchie ecclésiastique...

Traduttore traditore.

Il importe donc de ne pas confondre des choses très distinctes. L'infaillibilité du Souverain Pontife n'est pas identique à son autorité, car son autorité pontificale s'étend plus loin que l'infaillibilité ; et cette autorité s'étend plus loin en morale qu'en politique. Le Pape, on le sait, n'est infaillible que quand, en qualité de Pasteur et de Docteur de tous les chrétiens, il définit une doctrine ou condamne une erreur.

Mais son autorité pontificale a un domaine

plus vaste, embrassant tout ce qui concerne la foi, les mœurs, la discipline et le gouvernement de l'Eglise. La moralité des actes civiques et politiques lui est directement soumise ; mais la politique pontificale et ses directions diplomatiques ne se réclament de cette autorité qu'autant qu'elles visent et atteignent le rapport de la politique avec la morale et la religion. Hors de là elles n'obligent nullement en conscience. Cette politique, ces directions se réfèrent à des questions de tactique, elles varient avec les temps et les lieux, avec les circonstances et les hommes, et sont sujettes à des méprises même chez les papes les plus éclairés.

C'est donc encore une erreur d'attribuer un caractère d'infaillibilité à cette autorité ordinaire du Pape et à ses jugements sur ce qui convient ou ne convient pas au point de vue moral, dans la politique. On n'est pas médiocrement surpris d'en trouver l'expression dans l'*Osservatore Romano*, car tel est manifestement le sens d'un article du 14 juin 1892 reproduit par *l'Univers*. Il est facile d'imaginer les conséquences regrettables de telles assertions, émanant d'un organe dont on exagérait à l'envi les attaches avec le Saint-Siège.

« Nous voyons reparaître une vieille distinction.

« On dit que le catholique doit obéir au Pape dans les choses de foi, mais qu'il garde la pleine liberté de ses propres actes pour ce qui regarde les affaires politiques intérieures de chaque nation.

« On croit que c'est là un invincible et inébranlable argument pour qui, peu disposé à obéir, désobéit d'abord en politique et, sans s'en apercevoir, en vient à désobéir aussi sur le terrain de la foi et sur le terrain de la religion. Mais c'est, au contraire, un sophisme manifeste, parce que l'on ne sait pas ou l'on ne veut pas savoir ce qu'est la politique pour tout peuple chrétien et pour toute nation catholique.

« La politique est l'application de la morale à l'action sociale des gouvernements et à la vie publique des peuples.

« *Or, le Pape est le maître infaillible de la foi et de la morale; ce qui implique qu'il est le juge indéfectible pour l'une et pour l'autre, et décide si l'application pratique de la morale, soit par le fait des individus, soit par l'action des peuples, ne lèse et n'offense pas les intérêts et les droits de la foi.*

« Donc il est clair et évident que le Pape, qui est un maître infaillible pour ce que l'on doit croire religieusement et moralement, *est aussi un juge indéfectible pour ce que l'on doit faire ou omettre, soit dans la vie privée, soit dans la vie publique,* pour que l'œuvre de l'homme et du citoyen ne contredise pas la vérité de la foi catholique et la justice de la morale chrétienne...

Citons encore un autre article du même *Osservatore*, également reproduit par *l'Univers* du 2 octobre 1892. Le lecteur y verra justifiée par avance la thèse que nous aborderons plus loin sur la politique de Léon XIII. Cet article est une correspondance parisienne. L'importance que son auteur trouve moyen de donner à ce qu'il appelle avec insistance *l'entrevue* de M. Ernest Judet avec Léon XIII, et la portée qu'il attribue à cette information offrent un spécimen du savoir-faire de ce correspondant universel des journaux du ralliement, qui ne craignait pas de dire dans l'intimité : *les directions pontificales, c'est moi.* — On lit donc dans *l'Univers* :

Nous avons donné récemment un des articles sous forme de lettre parisienne que l'*Osservatore Romano*, organe du Saint-Siège, a publiés sous le titre *le Pape et la France*. Nous donnons aujourd'hui divers passages d'une autre lettre, où il est traité plus spécialement de l'audience accordée par le Saint-Père à M. Judet, rédacteur du *Petit Journal*.

Après avoir fait l'historique de cette audience et de ce qui l'a précédée et suivie, l'*Osservatore Romano* dit :

« Tout le monde voit, y compris les moins clairvoyants, que de cette « entrevue » ressort l'idée nette et claire que la Papauté, sous l'égide de Léon XIII, dans l'intention de sauver la société des maux immenses qui l'oppriment, loin de fuir la démocratie, qui veut la dévorer, a pris la ferme résolution d'aller au-devant. La Papauté se met à l'œuvre en vue de faire concorder les aspirations démocratiques avec la loi divine et d'apaiser la démocratie en la faisant entrer dans l'église, puisque celle-ci est disposée à s'accommoder de ses exigences, du moment que la démocratie fera des lois justes et inspirées de la vérité.

« Et après avoir travaillé à son amélioration matérielle et morale, et après l'avoir, pour ainsi dire, délivrée du joug des sectaires, et ainsi légitimée aux yeux du monde, le pontificat romain est décidé à s'unir à elle pour travailler, d'un commun accord, à résoudre les plus formidables problèmes qui agitent la fin du XIXe siècle, à améliorer la condition sociale de tant de millions d'êtres et — ce qui est plus encore — à chercher à obtenir pour elle, par l'Eglise, cette vraie liberté dans le sens le plus élevé du mot, *que l'on a attendu vainement des monarchies et des parlements inféodés à la maçonnerie* (?).

« En somme, de cette « entrevue », il résulte que Léon XIII a la ferme volonté d'inaugurer, comme complément de ce qu'il a exposé dans l'encyclique *Rerum Novarum*, une de ces grandes politiques populaires auxquelles personne ne résiste et de laquelle doivent jaillir pour la société les plus utiles réformes. »

L'*Osservatore Romano* expose qu'une telle politique, ÉMANCIPANT LES CATHOLIQUES DE TOUT LIEN POLITIQUE, devait engager ceux-ci non pas à attendre ou à mendier leur liberté et leurs droits de tel ou tel prince, de tel ou tel gouvernement, mais à les réclamer comme chose due (1). Puis il ajoute :

« Le succès de *l'entrevue du Petit Journal* nous porte naturellement à demander quels résultats on aurait obtenus si certains journaux qui se disent catholiques, au lieu de combattre à outrance la noble initiative de Léon XIII, s'étaient inspirés de ses sages enseignements et avaient fait des efforts pour les faire pénétrer dans les masses populaires. »

Si vraiment l'*Osservatore Romano* a prétendu qu'une telle direction eût le pouvoir d'affranchir les catholiques de tout lien politique, c'était encore aller contre la doctrine certaine et contre les déclarations les plus formelles du chef même de l'Église.

Voici, entre autres, la protestation élevée par Pie IX, à la date du 20 juillet 1870, c'est-à-dire au lendemain même de la définition de l'infaillibilité, dans un discours adressé à une députation de l'Académie catholique. Elle est reproduite dans la collection des discours de ce Pape

C'est une erreur pernicieuse de représenter l'infaillibilité comme renfermant le droit de déposer les souverains et de délier les peuples de leur serment de fidélité. Ce droit a été, en effet, dans des circons-

(1) Hélas !..

tances extrêmes, exercé par les papes, mais il n'a absolument rien de commun avec l'infaillibilité pontificale. Il était une conséquence du droit public encore en vigueur, et du consentement des nations chrétiennes, qui reconnaissaient dans le Pape l'arbitre suprême de la chrétienté, et le constituaient juge sur les princes et les peuples, même dans les questions temporelles.

La situation actuelle est toute différente. La mauvaise foi seule peut confondre des objets si divers et des époques si peu semblables. Comme si un jugement infaillible porté sur une vérité révélée a quelque analogie avec un droit que les Papes, sollicités par le vœu général des peuples, ont dû exercer quand le bien général l'exigeait.

Les déclarations solennelles de Léon XIII dans le même sens sont assez connues pour n'avoir pas besoin d'être rapportées ici.

Sans nous complaire à relever les affirmations erronées qu'on peut rencontrer dans l'*Osservatore Romano*, nous extrairons encore celle-ci d'un article intitulé : *le Pape dans la Société moderne*. *L'Univers* du 15 septembre 1893 ne manque pas de la présenter en ces termes :

L'Osservatore Romano, l'organe autorisé du Saint-Siège, publie sous ce titre un article de fond qui est en même temps une étude doctrinale, en voici la traduction :

Les récentes élections françaises *et les conseils donnés à cette occasion par le Pape aux catholiques de France* ont soulevé une polémique derrière laquelle se cache une question d'une importance capitale pour la société moderne...

Le droit public moderne *a confié au peuple l'exercice de la souveraineté* et l'a fait, au moins en paroles, arbitre de ses destinées. Il est donc bien naturel que l'Eglise et le Pape doivent lui dicter les règles pour l'exercice des droits nouveaux qui lui ont été conférés et de l'autorité sociale qui lui a été reconnue...

Non, ce n'est pas le Pape qui transporte son action sur le terrain politique, c'est le droit moderne *qui a déplacé le centre de l'autorité en le confiant au peuple*, et le Pape ne fait qu'exercer, en face de lui, la mission exercée de tout temps et qui est une partie essentielle de son ministère...

On fit remarquer, non sans raison, que cette appréciation du suffrage universel avait quelque chose d'excessif, et que « l'organe autorisé du Saint-Siège », en disant que le droit moderne *a déplacé le centre de l'autorité*, parlait comme les partisans de la Souveraineté du peuple condamnée par le *Syllabus*.

L'*Osservatore Romano* s'en défendit, mais il dut en même temps expliquer que ses articles n'engageaient que la rédaction, et qu'on ne doit pas à tout propos chercher en lui l'organe autorisé du Saint-Siège. Le ton amer et irrité de sa réponse, mise au diapason d'une vulgaire polémique de presse, en aurait d'ailleurs ôté toute envie en cette circonstance :

A LA « GAZETTE DE FRANCE »

La *Gazette de France*, « fondée en 1631 », ainsi que l'indique son sous-titre, montre vraiment qu'elle est vieille, très vieille, car elle paraît ne pas s'apercevoir que nous vivons en l'an de grâce 1893. La *Gazette de France* est toujours de plus de deux siècles en arrière, avec ses idées, ses dires, ses inspirations et ses pronostics ; nous ne savons pas si c'est à sa mémoire ou à son imagination, toutes deux séniles et affaiblies, qu'il faut attribuer ce phénomène.

Par exemple, on s'aperçoit bien que sa vue est affaiblie, — à moins de prétendre qu'elle soit plus perçante que celle du lynx — car la *Gazette* voit et lit dans les journaux catholiques et dans les documents pontificaux des choses dont les autres n'aperçoivent même pas l'ombre.

Avant-hier, elle a reproduit un article de l'*Osservatore Romano*, parfaitement traduit en français par l'*Univers*.

Cet article de l'*Osservatore Romano* apprend à la dite *Gazette* « quelles doctrines politiques Rome veut imposer aux catholiques français ». Et quelles sont ces doctrines ?

« Ces doctrines — répond la *Gazette* — sont celles de la « Souveraineté du peuple », du « droit moderne ».

Cela révèle, dans le vieux journal de 1631, une grande infirmité de la vue et du corps, et démontre aussi une infirmité plus grande encore de son esprit et de sa conscience.

D'abord l'*Osservatore Romano* n'a jamais eu *l'intention* de rompre une lance pour la théorie de la souveraineté du peuple, ni dans l'article dont il est question, ni dans aucun autre article.

Si la *Gazette* l'a vu, c'est probablement à cause de l'affaiblissement de ses yeux. Mais, en second lieu, si, par hypothèse, l'*Osservatore Romano* avait commis cette faute, cela ne serait jamais, en tous les cas, *Rome* ou le *Saint-Siège*, comme l'insinue perfidement la *Gazette* (1), qui enseignerait des doctrines semblables aux catholiques français. Cette insinuation est un méchant effet de l'infirmité d'esprit de conscience dont la *Gazette de France* de 1631 est, depuis quelque temps, gravement atteinte.

Que la *Gazette de France* soit *réfractaire aux vraies doctrines* du Pape et aux vrais enseignements que Sa Sainteté donne aux catholiques français, on peut, en quelque façon, l'expliquer par l'anachronisme dans lequel elle s'égare, et que peut-être son grand âge ne lui fait pas apercevoir.

Mais se rendre *réfractaire* à l'évidente vérité et à

---

(1) Est-ce la *Gazette* qu'il faut lire, ou *l'Univers?*

la réalité des faits que l'on ne saurait nier ne saurait trouver aucune excuse dans la vieillesse, puisque aussi, en 1631, il n'était pas permis, par la bonne morale et par une conscience droite, de brouiller les cartes pour faire dire au Pape ce qu'il n'a pas dit, et ce qu'il ne veut pas dire, afin de couvrir par un mensonge la rébellion contre Celui qui commande et auquel il faut obéir.

Cette déclaration est bonne à retenir et montre quel abus c'est d'en appeler à tout propos à l'autorité de ce journal, comme si le moindre mot qui lui échappe devait faire autorité pour tous les catholiques.

Entre autres circonstances où elle fut rappelée, on peut citer les propres paroles du Cardinal Rampolla, rapportées par M. l'abbé Fichaux, dont personne ne saurait suspecter la scrupuleuse sincérité. Après les retentissants démêlés des patrons chrétiens du Nord avec les nouveaux démocrates, il leur rendait compte en ces termes de sa visite à Rome :

Puis, comme le Saint-Père revenait encore sur cette pacification, qui lui est chère, je me permis, en tout respect et confiance filiale, de lui exprimer mon étonnement d'avoir lu récemment, dans une revue qui est peu bienveillante pour nous (1), une lettre encou-

(1) *La Démocratie chrétienne.*

rageante de la secrétairerie d'Etat. Le Saint-Père leva les mains avec un geste très significatif ; et d'une manière plus explicite, il nous dit que cette lettre avait été sollicitée par quelqu'un qu'il nomma : c'était acte de pure condescendance.

Nous revînmes sur le même sujet dans l'entretien que nous eûmes avec le secrétaire d'Etat. Nous lui fîmes observer que sa lettre, au lendemain d'articles qui étaient de nature à soulever des protestations, pouvait rouvrir la querelle. Le Cardinal Rampolla nous déclara, lui aussi : « qu'il ne fallait pas donner à ces lettres une importance exagérée ; *qu'encourager la bonne volonté n'était pas contresigner les doctrines ;* que le Saint-Siège n'était inféodé à aucun journal, à aucune revue ; qu'il n'avait aucun organe officiel, *pas même, ajouta-t-il, l'Osservatore Romano* ».

Note. — Cet ouvrage était déjà sous presse, quand nous arrive un nouvel article de l'*Osservatore Romano*, du 14 juillet 1906, sur nos affaires de France. A notre sens, il prouve une fois de plus que les Italiens sont incapables de comprendre notre sentiment national français, et montre que leur manie d'équilibristes les amène à applaudir aux pires iniquités, à blesser profondément les catholiques des autres pays. Mais tandis que nous protestons avec indignation contre un manque de réserve incompréhensible de la part d'un journal prétendant à un rôle directeur, peut-être va-t-il se trouver des gens pour nous imposer, sous le prétexte de directions pontificales, la foi à l'innocence de Dreyfus.

C'est, en effet, l'apologie du traître qu'on lit dans cet article, avec celle des magistrats qui l'ont absous. *Voir l'appendice.*

CHAPITRE II
Les Directions pontificales de Léon XIII

Thèse.

Le souverain pontife Léon XIII s'est borné, dans ses actes pontificaux, a rappeler aux catholiques français les principes de morale sociale, politique et religieuse qui devaient régler leurs rapports avec le gouvernement de leur pays, et faire céder les intérêts de parti a la défense de la religion attaquée.

Mais, simultanément, et, déja antérieurement a ces actes, Léon XIII suivait des vues politiques qui n'avaient pas de lien nécessaire avec la morale et la religion, et il cherchait a exercer directement sur la conduite politique des citoyens français une action non exigée par sa mission pontificale.

Cette politique ne créait pas un devoir de conscience aux catholiques.

Mais la confusion s'établit entre elle et les prescriptions de l'encyclique, par suite de la persistance et de l'énergie déployées par le souverain pontife pour les faire triompher également, et surtout par suite des manœuvres de ceux qui, sous le prétexte d'une parfaite soumission a son autorité, n'invoquaient celle-ci que pour imposer cette politique.

Cette confusion a jeté dans les consciences un trouble

PROFOND ET CAUSÉ DES DIVISIONS QUI NE S'EFFACERONT PAS, TANT QUE LA VÉRITÉ ET LA JUSTICE NE SERONT PAS RÉTABLIES.

Acceptation sincère du régime comme gouvernement de fait, soumission aux lois justes, abstention d'une opposition systématique, participation aux affaires du pays quand des raisons spéciales ne s'y opposent pas, union des catholiques entre eux et avec tous les honnêtes gens, par-dessus les intérêts de parti, pour revendiquer la liberté religieuse avec énergie et persévérance : voilà tout l'objet de l'encyclique aux Français et des prescriptions pontificales.

Le *Cas de conscience* contient une démonstration de cette thèse sur laquelle il serait superflu de revenir ici (1).

Léon XIII, dans cet acte, n'a rien dit de plus sur la soumission au pouvoir que ce qu'il avait déjà très clairement exprimé dans sa lettre du 22 octobre 1880 à l'archevêque de Paris:

(1) CAS DE CONSCIENCE: *les Catholiques français et la République*, chap. III. (1 vol. in-12, 492 pages, 1906, Lethielleux, 10 rue Cassette, Paris.)

Quant à porter atteinte aux droits de la souveraineté, quel que soit celui auquel ils appartiennent, le Siège apostolique ne le veut assurément pas et ne peut le vouloir.

Toutefois, personne ne met en doute que, pour le maintien de l'ordre, fondement du bien public, l'on doive obéir à ceux qui gouvernent le peuple, en tout ce qui n'est pas contraire à la justice.

Mais on n'en doit pas conclure que cette obéissance emporte assentiment à ce qu'il y aurait d'injuste dans la constitution et l'administration de l'Etat.

On lira avec plaisir un commentaire parfaitement juste et modéré, emprunté à *la Vérité* du 23 juillet 1894. M. Arthur Loth écrit sous ce titre: *la République et le Pays* :

Certains journaux s'habituent à dire que la République est le gouvernement voulu par le pays. C'est assez de reconnaître qu'elle est le gouvernement de fait, le Pape n'en a pas demandé davantage aux catholiques français.

Comme gouvernement établi, la République a droit à la soumission des citoyens, au paiement de l'impôt, à l'acquittement des diverses charges civiles et militaires. C'est en cela que le Souverain Pontife, fidèle à la tradition et à la doctrine de l'Eglise, qui admet en principe toutes les formes de gouvernement et reconnaît en fait tous les gouvernements établis, a prescrit aux catholiques, royalistes et autres, d'adhérer à la République.

Si l'on allait au delà pour la France, on fausserait la pensée du Pape, on mentirait aux faits.

Les instructions de S. S. Léon XIII sont présentes à tous les esprits. Elles marquent strictement les devoirs des catholiques envers le gouvernement actuel. Et, à maintes reprises, le Pape a dit qu'elles n'impliquaient aucunement l'abandon des convictions et des préférences de chacun.

Le Pontife régnant a toujours indiqué par ses paroles et sa conduite qu'il ne considérait le gouvernement de la République française que comme un gouvernement de fait. Il ne l'a pas traité, jusqu'ici du moins, comme un gouvernement fondé sur le droit ou sur la volonté de la nation, ayant, à l'un ou l'autre titre, une condition stable d'existence, un caractère de fondation définitive.

L'Empire pouvait se réclamer de la volonté nationale. Il avait été fondé par deux plébiscites successifs comprenant l'immense majorité des suffrages du corps électoral. L'Etablissement impérial était réellement le fait du peuple. A défaut du droit d'hérédité, c'était un titre pour l'Empire que de s'être établi sur le suffrage universel. Aussi, non seulement Pie IX n'hésita pas, selon la coutume de l'Eglise, à le reconnaître, sans préjudice, toutefois, du droit des tiers, mais il le traita comme un gouvernement ayant dans le suffrage populaire une base de droit et pouvant devenir légitime par le temps.

Par une faveur qui ne pouvait être accordée qu'à un gouvernement régulier et susceptible de légitimation, Pie IX permit que le nom de l'empereur Napoléon III fût uni à celui du Pape et de l'évêque diocésain au Saint sacrifice de la messe. C'était là une haute reconnaissance des titres, sinon des droits, du gouvernement napoléonien, et comme la consécration spirituelle de l'établissement impérial. Par cette association de Napoléon III aux prières les plus saintes de la liturgie, les catholiques se trouvaient plus liés envers l'empereur qu'ils ne le sont envers la République.

S. S. Léon XIII n'a point encore introduit la République ni son Président dans le canon de la messe. Par là il indique bien que le genre d'acquiescement qu'il a demandé des catholiques au régime républicain ne dépasse pas la reconnaissance d'un état politique constitutionnel et ne vas pas au delà des devoirs obligatoires envers un simple gouvernement de fait.

La République, en effet, ne peut pas se prévaloir, comme l'Empire, du consentement de la nation. Jamais le peuple n'a été appelé à se prononcer par un vote direct et solennel. Sans doute, depuis la promulgation de la Constitution de 1875, les élections générales ou partielles au Parlement ont donné la majorité aux candidats du parti républicain. Mais les chiffres électoraux n'expriment pas la vraie situation. Ils constatent la victoire d'un parti, ils ne montrent pas la volonté de la nation.

La République n'a jamais eu pour elle ni l'unanimité, ni la majorité des électeurs. Elle ne peut même pas invoquer comme titre le suffrage universel.

Aux dernières élections de 1893, toutes les fractions

réunies du parti républicain, depuis le centre jusqu'au groupe socialiste, n'ont réuni que 3.979.111 voix. C'était la majorité des votants; ce n'était pas la moitié du corps électoral.

Jamais, à aucun scrutin, la République n'a obtenu les dix millions de suffrages des électeurs français, ni seulement la moitié.

On ne peut donc pas dire que les différentes élections qui ont eu lieu depuis 1875 ont été l'expression de la volonté nationale, la voix du pays. On ne peut pas dire que la France a voulu, qu'elle veut la République.

Les faits et les chiffres nous montrent la République comme un régime établi constitutionnellement, par circonstance, en 1875, à une voix de majorité dans l'Assemblée nationale, confirmé depuis de quatre ans en quatre ans, par une minorité d'électeurs, accepté ou subi par les autres, soit par indifférence, soit par impossibilité de la remplacer. La légitimité du droit comme le titre populaire lui manquent. Elle n'a que la possession d'état et le fait de l'établissement.

C'est assez pour que le Saint-Père ait demandé aux catholiques français de la reconnaître comme gouvernement de fait, en s'unissant sur le terrain de la Constitution pour combattre ses mauvaises lois et sa mauvaise politique; ce n'est pas assez pour qu'on la présente comme gouvernement issu de la nation et que des adhérents exagérés, non contents de l'acceptation par les catholiques du régime établi, veuillent qu'ils lui montrent du zèle et de l'attachement. Ce sera assez tôt, quand la République aura mérité d'être traitée par l'Eglise comme l'Empire et surtout comme la vieille Royauté.

Tout ce que nous avons avancé sur l'interprétation de l'Encyclique nous paraît une fois de plus confirmé par un passage du Livre Blanc récemment publié par le Saint-Siège. Comment, en effet, si les vraies et authentiques directions pontificales comprenaient l'adhésion formelle, la profession de foi républicaine, et tout ce qu'on a voulu leur faire exprimer, le Secrétaire d'Etat aurait-il pu dire au nom de Pie X :

« Le Saint-Siège, aussi bien sous le pontificat actuel que sous le précédent, n'a jamais cessé, malgré les récriminations de quelques-uns, de donner aux catholiques les mêmes directions (1). »

Il serait bien impossible de trouver nulle part dans les paroles tombées de la bouche du Pape régnant un ordre, un conseil qui dépassât notre interprétation.

Ce n'est pas à dire qu'il n'existe aucun lien entre les vues politiques de Léon XIII et ses prescriptions pontificales. Elles se servaient réciproquement. Mais Léon XIII s'est indiscuta-

(1) Le Livre blanc. Exposé, chapitre V.

blement abstenu de commander comme pape ce qu'il souhaitait comme politique (1). Ce qu'on a appelé, d'un nom impropre, *les directions pontificales* comprenait l'ensemble de ces desseins privés et de ces actes publics. En leur attribuant une égale autorité, on a complètement faussé la conscience catholique. L'extraordinaire pression ecclésiastique, le zèle intéressé, passionné, de ceux qui faisaient dépendre le salut de l'Eglise du triomphe de la démocratie et de la République, ont révolté les uns, et jeté les autres, la grande masse, dans l'indifférence du libéralisme.

Les fauteurs du Ralliement se sont souvent évertués à faire sortir ces directions de l'Encyclique du 16 février 1892, comme si l'état de la France, après vingt ans de régime républicain, et l'impuissance des partis définitivement constatée à cette époque, les avaient uniquement inspirées.

Leur genèse est plus ancienne et plus compliquée. Elle s'ouvre avec le pontificat de Léon XIII. Son dessein de rallier les Français à la République se manifesta bien avant l'établissement définitif du régime en 1884, et telle était la vitalité

---

(1) Voir *Cas de conscience*, chap. III.

des forces catholiques à cette époque, qu'il lui fallut, pour premier acte, leur conseiller le désarmement provisoire devant les mesures de persécution, pour ne pas contrarier ses vues politiques (1).

Le *Moniteur de Rome*, grand agent du mouvement démocratique, disait à la fin de 1893 :

Quant au pape, dès 1878, il orientait ses directions dans ce sens. L'idéal de sa politique, en France, est né avec son pontificat. Mais les passions surexcitées imposaient d'attendre le moment opportun.

Et M. Piou, dans son fameux article de 1897 sur les conservateurs :

Que de maux eussent été évités si Léon XIII, *comme il le voulait*, eût pris cette initiative dès le début de son pontificat !

Qui donc voudrait dire que l'avènement de Léon XIII a marqué la date précise où les intérêts de la morale et de la religion exigeaient impérieusement l'acceptation de la République ?
Ce n'était pas non plus la Constitution menacée qui appelait dès ce moment son intervention et le faisait insister déjà pour l'acceptation de la République, puisqu'à cette époque la Constitu-

(1) Voir page 51.

tion laissait à dessein la porte ouverte à la monarchie (1).

On se rappelle la satisfaction avec laquelle l'avènement de Léon XIII fut salué par le parti radical. *Le Figaro* publia plus tard deux lettres de Gambetta, insolentes, comme elles devaient l'être de sa part, mais où il découvre son espoir.

« Paris, 21 février 1878.

« Aujourd'hui sera un grand jour. La paix venue de Berlin et peut-être la conciliation faite avec le Vatican. On a nommé le nouveau Pape. C'est cet élégant et raffiné cardinal Pecci, évêque de Pérouse, à qui Pie IX avait essayé d'enlever la tiare en le nommant camerlingue. Cet Italien, encore plus diplomate que prêtre, est passé au travers de toutes les intrigues des jésuites et des clergés exotiques. Il est pape, et le nom de Léon XIII qu'il a pris me semble du meilleur augure.

« Je salue cet événement plein de promesses. Il ne rompra pas ouvertement avec les traditions et les déclarations de son prédécesseur; mais sa conduite, ses actes, ses relations vaudront mieux que des discours et s'il ne meurt pas trop tôt nous pouvons espérer un mariage de raison avec l'Eglise. »

Dans la seconde lettre, datée du 22 février de la même année, Gambetta ajoute :

(1) Sur toutes ces questions, voir *Cas de conscience*, chap. xi.

« Je sais un gré infini à ce nouveau Pape du nom qu'il a osé prendre; c'est *un opportuniste sacré*. Pourrons-nous traiter? *Chi lo sa!* comme disent les Italiens. »

La clairvoyance de Gambetta est attestée par le témoignage que je vais ajouter ici à ceux déjà relatés dans le *Cas de conscience*. Il tendrait à justifier la fausse opinion, répandue dans beaucoup d'esprits, que le Saint-Siège, par tradition, penche un peu du côté du plus fort, selon ce que le Cardinal d'Ossat écrivait dans une lettre à Henri IV :

« Le roy doit tenir pour certain, écrivait-il, que, comme ses affaires iront en France, ainsi iront-elles à Rome, et que, quand il serait le meilleur catholique du monde, jusqu'à faire des miracles tous les jours et à toute heure, si toutefois il estait peu heureux au faict de la guerre et de ses conquêtes, il ne serait jamais recongneu comme roy à Rome. Comme au contraire, il ne serait tolérable catholique, — comme il doit aspirer à être le meilleur de tous, — si toutefois, par la force et par sa bonne conduite, il vient au-dessus de ses affaires en France, on lui offrira, du costé de Rome, ce qu'on lui a si indignement refusé... (1). »

(1) *Le Cardinal d'Ossat*, par l'abbé Degert; Paris, Lecoffre, 1894, cité par Peccadut : *les Catholiques*.

On sait que Mgr Czacky avait été spécialement choisi par Léon XIII pour seconder ses desseins. Les *Notes et Souvenirs* du marquis de Dreux-Brézé nous apprennent comment il débuta. L'ancien représentant du Comte de Chambord écrit à propos du fameux toast d'Alger :

Je ne pus partager ni l'espoir de ceux qui désiraient, qui voulaient croire à un emportement irréfléchi du cardinal, dont la parole aurait dépassé la pensée et spécialement les vues du Pape, ni la surprise générale qu'inspira cette annonce d'un changement dans l'orientation politique du Saint-Siège.

Le caractère de Mgr Lavigerie, qui, au milieu des plus sérieuses difficultés, avait su donner à son action personnelle la mesure qui devait le mieux assurer son succès, sa clairvoyance, à l'égard des œuvres multiples par lui créées et soutenues, sa connaissance complète des détenteurs des ressources nécessaires à leur conservation, m'étaient de sûrs garants qu'il avait dû, le 12 novembre 1890, faire simple mais entier acte de soumission. Sous ce rapport, des relations, postérieures à sa mort, et dues à des plumes autorisées, nous ont appris les craintes, les douleurs du cardinal et, au cours de sa dernière maladie, ses désespérances à la vue de la diminution immédiate des subventions pécuniaires que lui avait procurées la charité privée.

En même temps, des souvenirs personnels, chez moi alors, comme maintenant encore, très présents, souvenirs remontant à l'époque où je me trouvais mêlé à la politique intérieure de la France, m'autorisaient à prévoir non seulement la possibilité, mais la vraisemblance d'une disposition très accentuée chez le Souverain Pontife *à prendre position en France sur le terrain politique proprement dit et assurer à la République, sous la forme par lui adoptée depuis, le concours et l'appui moral du Saint-Siège.*

A son arrivée, en octobre 1879, à Paris, comme Nonce, Mgr Czacky me fit transmettre son désir d'entrer en relations avec moi. Il avait appris l'existence de mes rapports officiels, la plupart directs, quelques-uns indirects, avec tous les comités royalistes de France; il était déjà pénétré (je le sus pertinemment depuis) de l'idée de la nécessité, pour les catholiques, pour les conservateurs, *de se préparer à la lutte électorale en vue du renouvellement, en 1881, de la Chambre des députés. Il se préoccupait du choix à faire par eux du programme autour duquel ils devraient chercher à grouper le corps électoral.*

Je me disposais à me rendre au désir du nonce, lorsque le général baron de Charette me vint inviter à dîner chez lui, en ajoutant que je me rencontrerais à ce dîner avec Mgr Czacky. Je ne pouvais douter de la pensée qui avait amené le général chez moi, celle de se prêter à une entrevue, et j'eus sans retard la preuve du bien fondé de ma supposition.

Au sortir de table, en effet, et après quelques instants de conversation générale, le nonce me prit à part et engagea, par un résumé de ses appréciations sur la situation politique en France, un long entretien avec moi.

A ses yeux, les divers partis, autres que le parti républicain, étaient définitivement vaincus; il n'y avait plus lieu pour les royalistes à aucun espoir de restauration monarchique; le courant républicain deviendrait de plus en plus fort, de plus en plus suivi.

Dans sa pensée, les légitimistes, en continuant à lutter en faveur des principes dont ils sont les représentants, ne seraient plus écoutés, et verraient le nombre de leurs adhérents diminuer progressivement. Leur influence, influence reconnue comme très précieuse à beaucoup d'égards, disparaîtrait; le bien moral qu'ils seraient naturellement appelés à faire serait, par eux, désormais irréalisable.

« Ce bien, m'ajouta Mgr Czacky, c'est à un autre
« point de vue qu'il le faut maintenant envisager,
« c'est sur un autre terrain que nos amis devront
« s'essayer à l'accomplir; ce point de vue est celui du
« triomphe des intérêts religieux; ce terrain, celui
« de la reconnaissance du fait de la transformation,
« sans perspective de changement, de la France en
« une république, et de l'acceptation de cette trans-
« formation. Autour des questions religieuses et pour
« leur défense se peuvent unir, sans blessure pour
« aucun d'eux, tous les partis, quelle que soit leur
« origine, quels que soient les sentiments qui d'ailleurs
« les divisent. »

Il n'était pas encore question, on le voit, de demander aux royalistes et paraître leur vouloir imposer, avec leur adhésion entière et sans réserve au régime républicain, la répudiation de tous leurs souvenirs et l'abandon de leurs espérances.

Je me permis de répondre à Mgr Czacky que ses propositions, que son programme étaient, pour le parti légitimiste, absolument inacceptables; qu'en les acceptant, si cette adoption avait été possible, les royalistes ne seraient plus compris de personne; qu'au lieu d'accroître, en ce faisant, leur autorité morale sur les populations au milieu desquelles ils vivaient, ils perdraient celle que leur assuraient encore l'estime et le respect dont ils étaient entourés. Je déclarai en même temps au nonce ma résolution de ne point me mettre dans le cas de voir l'épithète de *républicain* jointe à mon nom, résolution, dis-je à Mgr Czacky, d'autant plus facile pour moi que j'étais assuré de ne point recevoir de mon roi un ordre contraire à mes intentions.

J'avais, en effet, la certitude que les vues, les conseils dont le nonce venait de se faire près de moi l'interprète autorisé seraient absolument repoussés par M. le comte de Chambord, et qu'au besoin Monseigneur interdirait, par la voie de ses représentants dans les départements, aux légitimistes de s'y conformer.

C'est par l'affirmation de cette disposition d'esprit indubitable de M. le comte de Chambord que se termina cet entretien entre le nonce et moi.

Très peu de temps après, monseigneur Czacky se rendait chez M. le comte de Blacas, vis-à-vis duquel il aborda les mêmes questions et appuya sur les mêmes considérations *le plan de conduite tracé aux catholiques et aux conservateurs de France par le Saint-Siège.*

A cette seconde ouverture, faite en des termes très

pressants, M. de Blacas opposa des objections fondées sur les motifs les plus vrais et les plus sérieux. Avec sa connaissance de la pensée de M. le comte de Chambord et son sentiment profond de ses devoirs personnels vis-à-vis de nos amis, il redit au nonce l'accueil que recevrait de Monseigneur l'exposé d'un plan politique si contraire à ses actes, à ses instructions, à son langage de tous les temps, et se refusa de prêter, d'une mesure quelconque, son concours à la mise en pratique de ce même plan.

Ni cette assurance des dispositions de M. le Comte de Chambord ni les résolutions de M. de Blacas ne découragèrent Mgr Czacky. Il demanda avec une très vive insistance à M. de Blacas que les vues du Pape, dont il était l'interprète, fussent transmises à M. le Comte de Chambord, et que le résumé de ses communications fût placé sous les yeux de Monseigneur.

M. de Blacas donna à cet égard au nonce pleine satisfaction, tout en faisant accompagner sa promesse de l'avis que les réponses de M. le Comte de Chambord seraient la confirmation entière et très nette de son langage.

Un messager apportait rapidement à Frohsdorf le rapport de M. de Blacas, et Monseigneur, après en avoir pris lecture, lui faisait adresser par le Comte Henry de Vanssay, en ce moment de service près de lui, un télégramme ainsi conçu : « Tenez ferme ; lettre suit. »

Cette lettre, le télégramme que nous venons de reproduire le dit assez, contenait la résolution de Monseigneur de se refuser à un changement de politique qu'il considérait, ainsi qu'il le disait, pour lui et pour son parti, comme un suicide.

Cette lettre ne fut pas, d'ailleurs, la dernière réponse de Monseigneur aux tentatives politiques, dans le sens républicain du Pape Léon XIII. Lors des élections générales de 1881, M. le Comte de Chambord (on en trouvera la preuve dans mes circulaires expédiées à la date des 27 février et 25 mars, aux présidents des comités royalistes) indiqua aux légitimistes la nécessité d'accentuer le cachet politique de leur intervention dans la lutte et leur imposa le devoir de se placer, en face du scrutin, non plus sur le terrain de l'union conservatrice, mais sur celui du principe monarchique.

L'effet produit sur l'esprit du Souverain Pontife par le refus de Monseigneur fut, ainsi qu'il le devait être, évidemment considérable. Depuis les entretiens relatés ci-dessus et jusqu'à la mort de M. le Comte de Chambord, nous n'eûmes plus à lutter contre de nouvelles instances; nous pûmes, par suite et jusqu'en 1883, nous considérer comme à l'abri des résultats moralement désastreux pour la France et trop faciles à prévoir des divisions, des découragements, des renonciations à toute résistance dont nous sommes, depuis, devenus les témoins.

A cette époque, la Constitution admettait le rétablissement de la monarchie; l'œuvre de la déchristianisation du pays ne s'avouait pas encore, et sa première tentative allait être victorieusement repoussée. Les catholiques faisaient rejeter l'article 7 de la loi Ferry ; au coup de force des décrets, ils opposaient une si vaillante résistance que le gouvernement, se sentant menacé recourait contre eux à l'intervention du Pape. Deux cents magistrats descendaient de leurs sièges, les congrégations, faisant cause commune, acculaient dès ce premier pas l'ennemi. Jamais on n'avait eu, jamais on ne retrouva depuis une aussi belle occasion de mettre en pratique avec succès ce grand devoir de résistance pour les droits sacrés de la foi et de l'Église qui, plus tard, nous fut rappelé solennellement chaque jour, mais dont l'application a toujours été remise à d'autres circonstances.

Dans une brochure sur la nécessité de la résistance à la loi d'abonnement, destinée à détruire les instituts religieux, le père Le Doré, supérieur général des Eudistes, a raconté le fait suivant, qui achève de peindre le singulier état d'esprit dont la Curie romaine était animée dès le commencement du pontificat de Léon XIII à l'égard du gouvernement républicain.

« Un matin, dit-il, c'était le 19 juin 1880, Mgr Lavigerie, archevêque d'Alger, venait chez moi après avoir conféré avec le Souverain Pontife et M. de

Freycinet. Il m'apportait une déclaration dont le fond se retrouve dans l'Encyclique du Pape aux Français pour accepter la forme du gouvernement républicain. Elle avait été composée par l'archevêque et corrigée par la main même, me dit-il, du premier ministre. J'en conserve l'original dans mes archives. Le gouvernement avait fait savoir au Pape et portait à notre connaissance qu'il était résolu à expulser les Jésuites, mais il promettait aux autres congrégations d'hommes de les épargner si elles consentaient à signer cette pièce où il était dit *que nous ne faisions pas de politique et que nous acceptions la forme du gouvernement de la France loyalement et sans arrière-pensée.* La pièce fut étudiée et discutée au comité des religieux de la rue de Varennes. S. Ex. le nonce, Mgr Czacky, S. Em. le cardinal Guibert, quelques sénateurs, comme MM. Lucien et Chesnelong, furent consultés...

« Bref, sur les conseils du cardinal Guibert et des éminents hommes politiques de la Droite, la signature fut refusée et les négociations rompues, par cette considération que les avances du gouvernement *n'offraient aucune garantie* et qu'elles étaient *contraires à l'honneur.*

« Cependant, le gouvernement tenait à obtenir cette pièce, et *bientôt le Saint-Siège fit entendre aux congrégations qu'il désirait qu'elles consentissent à signer la susdite déclaration*. Elles obéirent, mais n'eurent même pas le bénéfice de leur condescendance, M. de Freycinet étant tombé peu après du pouvoir et les promesses du gouvernement s'étant évanouies avec lui (1). »

Assurément le souci des grands intérêts de l'Église et de notre pays a inspiré l'intervention de Léon XIII dans notre politique électorale, mais il ne viendra, je pense, à l'esprit de personne de dire que cette politique relevait de son auguste mission.

Le point est si peu discutable que l'*Osservatore Romano* n'avait pas de termes assez énergiques pour l'en disculper et prenait violemment à partie ceux qui donnaient créance à cette intervention. On y lit à la date du 27 septembre 1892 :

Profitant de l'absence du nonce, on a commencé une véritable campagne en vue de faire croire aux imbéciles que la Nonciature avait été changée en bureau électoral et que le congé pris par Mgr Ferrata n'avait d'autre but que de concerter avec le Pape un plan électoral pour les prochaines élections...

Certains journaux soi-disant catholiques en ont tiré argument pour commencer une nouvelle campagne

(1) Voir plusieurs détails intéressants : *Cas de conscience*, chap. VI.

qui est peut-être la plus malveillante de toutes celles dirigées jusqu'à présent contre le Pape et son représentant.

Est-ce à des journaux catholiques de ramener ces mensonges, — dit la *Semaine religieuse de Bordeaux* pour stigmatiser, comme cela doit être, une conduite aussi déloyale, — et à les donner comme des nouvelles fondées, quand ce n'est qu'une forme des attaques des sectaires contre le Pape et l'Eglise.

La plupart de ces journaux savent qu'ils produisent ou reproduisent des faits inventés...

Ces journaux, — continue l'*Osservatore*, — ne s'aperçoivent pas qu'en reproduisant ces faussetés et en les faisant accompagner des commentaires les plus insidieux, ils passent la main aux radicaux qui, affectant de prendre au sérieux ces sornettes et ces fausses révélations, s'en servent pour donner un furieux assaut à la politique pacificatrice de Léon XIII...

Le fait en question pouvait bien n'être pas exact. Mais ceux qui faisaient tenir à l'*Osservatore* ce langage, — car c'était encore une correspondance parisienne, que *l'Univers* avait le même soin de signaler comme émanant de « l'organe du gouvernement pontifical » (2), — savaient à quoi s'en tenir sur le fond de l'affaire, puisqu'ils la poussaient sans relâche. Et c'étaient

(1) 27 septembre 1892.

les autres qu'ils accusaient de fournir des armes aux radicaux!...

On a vu plus haut qu'à peine arrivé à Paris Mgr Czacky avait entrepris les négociations les plus hardies, dans le but de préparer le terrain électoral pour les élections de 1881.

Mgr Battandier raconte aussi, dans la vie du cardinal Pitra, qu'une commission avait été nommée à Rome, avant celles de 1885, pour examiner la question électorale en France et la réforme de la presse catholique (1).

On sait le magnifique élan des catholiques français dans cette campagne : deux cents sièges gagnés au premier tour, grâce à l'union de tous les honnêtes gens, résolus à défendre la liberté religieuse.

Que serait-il advenu, s'il avait été sincèrement secondé par le Souverain Pontife et par l'épiscopat? Si, du moins, cet élan pour la résistance n'avait été nullement contrarié par eux? Il est bien probable que beaucoup de divisions et de ruines nous auraient été épargnées. La politique de conciliation et de ralliement ne se découvrait pas encore au grand jour, mais les traits cités

---

(1) Voir *Cas de conscience*, chap. v.

plus haut disent assez qu'elle était déjà active. Des événements comme la capitulation, négociée par des évêques, qui mit fin à la résistance aux décrets, avaient déjà semé des germes de défiance et d'abandon.

L'Encyclique de 1892 elle-même, au témoignage du cardinal Rampolla, n'était pas sans rapports avec la politique électorale. On lit dans sa fameuse lettre à *la Vérité* :

La Vérité, par là, crée une atmosphère de défiance et de découragement, et, d'autre part, elle continue ce mouvement concordant des volontés désiré par le Saint-Siège, *surtout en vue des nouvelles élections...*

D'autre part, la note écrite de la main de Léon XIII, pour donner sa pensée sur le ralliement, note que Mgr Turinaz obtint la faveur de copier sous les yeux du Souverain Pontife, lui assignait le même objet (1).

La Vérité disait le 1ᵉʳ août 1893 :

On lit dans *le Figaro* :

« Qu'y a-t-il de vrai dans cette nouvelle, reproduite par plusieurs journaux italiens ?

« Le gouvernement français aurait fait récemment

(1) Voir *Cas de conscience*, chap. VI.

des démarches auprès du Saint-Siège, en vue d'obtenir que le Pape adressât, à l'occasion des élections générales, une nouvelle lettre politique à l'épiscopat français.

« Les démarches n'auraient pas abouti, S. S. Léon XIII ayant sans doute trouvé excessives les prétentions du Quai d'Orsay. »

Voilà une nouvelle qu'on fera bien de mettre en quarantaine.

La quarantaine ne se prolongea pas bien longtemps. Sollicité par le gouvernement, ou par des prélats comme l'archevêque de Bordeaux, le Souverain Pontife écrivait le 3 août au cardinal Lecôt une lettre destinée à influer sur le scrutin de ballottage.

Avant les élections de 1898, ce fut la mission donnée au R. P. Picard, supérieur général des Assomptionnistes, et au R. P. Sébastien Wiard, général des Trappistes (1).

Enfin on peut lire dans *le Cas de conscience* les appréciations de M. Flourens sur les rapports de la Secrétairerie d'Etat avec le ministère

---

(1) Le fait fut divulgué à l'époque même par un article sensationnel de *l'Eclair* qui parut en septembre 1877 : *Missi Dominici. Les envoyés du Vatican en vue des élections.* Depuis lors l'exactitude de l'information et des détails donnés par ce journal a été confirmée par plus d'une voix autorisée.

Waldeck-Rousseau et les documents qui les confirment. « Elles ont eu pour but et pour effet... d'assurer le maintien et la conservation, aux affaires, du ministère Waldeck-Rousseau, et le succès des élections qu'il patronnait. »

Le *Polybiblion*, revue bibliographique universelle, qui ne peut être suspectée de tendances « réfractaires », puisqu'elle a fait un compte-rendu élogieux du livre de M. l'abbé Dabry : *les Catholiques républicains*, dit à propos du *Cas de conscience* :

Le *Polybiblion*, revue bibliographique et littéraire, n'a pas à prendre parti dans une question si délicate et qui, à l'heure présente, excite encore, nous le savons de vives susceptibilités ; nous croyons cependant utile de préciser ici le sens des directions données par Léon XIII dans son encyclique. Les Français sont toujours portés aux solutions extrêmes. Les uns ont vu dans l'encyclique une défense de conserver des idées monarchiques ; les autres y ont vu l'obligation, comme le disait un jour M. Harmel, d'être les plus fermes soutiens de la république. Des deux côtés, il nous semble qu'on va trop loin. Léon XIII n'a point tranché, à notre sens, la question de savoir si la France doit être une république ou une monarchie. Bien avant Pie X, il a dit aux catholiques : Si vous arrivez à être les maîtres, vous ferez ce que vous voudrez. *Aux yeux du Souverain Pontife, il s'agis-*

sait simplement d'une tactique électorale. Voyant le gouvernement justifier ses attaques contre la religion par le prétexte que les catholiques appuyaient les monarchistes ; voyant, d'un autre côté, que la la masse des électeurs paraissait s'attacher à la république, il a jugé que les catholiques auraient plus de chances de succès dans leurs revendications et auraient plus de facilité à faire triompher leurs candidats, s'ils s'abstenaient de les présenter comme royalistes, et si leurs journaux cessaient de s'en prendre à la forme du gouvernement. Cette tactique n'a pas réussi, et ne pouvait pas réussir auprès des hommes au pouvoir, qui avaient un parti pris antireligieux. Réussira-t-elle auprès des électeurs ? C'est ce que l'avenir nous montrera ; car il faut bien reconnaître que, jusqu'à ces derniers temps, le ralliement n'a été le fait que de tentatives isolées, et que son organisation sérieuse est toute récente (1).

Nous parlerons plus loin de cette organisation réalisée dans l'*Action Libérale Populaire*.

Une tactique électorale, c'est ainsi que Léon XIII lui-même se plaisait à présenter sa politique, peut-être pour la faire accepter plus facilement.

L'arrière-pensée, très italienne, de procurer par cette tactique aux catholiques français une majorité dans les assemblées et une influence

(1) Avril 1906.

dans la République, dont ils se serviraient pour améliorer celle-ci, et, au besoin..., pour la démolir, Léon XIII l'a donnée à entrevoir en plusieurs audiences privées, telles que celle du Baron de Montagnac, divulguée par celui-ci dans la presse, en 1894 :

« — Croyez-moi, monsieur le baron, dit le Saint-Père, faites-vous républicain, républicain d'une bonne république. Vous comprenez ? *Je veux que tous les catholiques entrent, comme une cohue, dans la République, par les fonctions.*

« — Je ne puis, Saint-Père, répondit le baron, je ne puis et ne pourrai jamais abandonner une tradition que j'ai reçue des miens et que je dois transmettre à mes héritiers.

« — Les traditions doivent céder, *pour un moment*, devant le bien de l'Eglise. Les traditions, vous les retrouverez après l'œuvre accomplie, monsieur le baron, vous les retrouverez, je vous dis. Vous ne comprenez pas ma pensée. *Il faut abandonner les traditions pour un moment, pour un petit moment seulement.* »

« Alors le Pape, enthousiaste de son rêve, se leva, prit le vieux soldat du trône et de l'autel par les deux mains, et, se rapprochant de lui, dévoila ses intentions.

« — Vous vous méprenez, vous et les autres, sur ma pensée ; vous ne la comprenez pas tout entière, vous ne savez pas la suivre jusqu'au bout. L'adhésion qu'il faut que les catholiques fassent à la République n'est que provisoire. Ce qui fait que les catholiques sont exclus de tout, c'est qu'on les croit monarchistes. *Quand les catholiques seront entrés dans la République, ils arriveront à tout, aux places et aux sièges électoraux ; et alors, ils seront les maîtres et ils renverseront la République qu'ils remplaceront par une royauté s'ils le veulent.* Car voyez-vous, personne ne désire tant que moi la chute de la République (1)... »

Or, une telle tactique est une question essentiellement politique, étrangère à la mission du chef de l'Eglise. Les catholiques avaient le devoir d'écouter ses avis avec respect et de les peser attentivement, mais ils le pouvaient faire avec indépendance. La conscience n'était là nullement en jeu.

Mais on comprend quelle inexprimable confusion devait se produire, du moment qu'on couvrait d'un même nom les graves enseignements de l'encyclique et les vues politiques et diplomatiques du Pape. La *politique pontificale*, ce mot-là entrait désormais dans la profession de foi catholique, et quiconque élevait un doute ou une

---

(1) Peccadut, *les Catholiques.*

critique, ou manifestait quelque répugnance contre cette *politique*, s'excluait du giron de l'Eglise.

Les apôtres du mouvement républicain et démocratique eurent ce grand art et cette grande audace, de représenter aux yeux du Pape et de son entourage, comme réfractaires aux enseignements de l'Encyclique, quiconque n'embrassait pas avec enthousiasme sa politique... et la leur.

Et comme ils parvenaient, par leur manœuvres infatigables, à faire croire que les prétendus réfractaires traitaient de politique ces augustes enseignements, le Souverain Pontife protestait contre un telle appréciation et affirmait plus lentement le droit d'imposer *cette* politique.

Dans sa lettre aux Cardinaux français, le Pape revendique son « *droit divin d'enseigner,* « *d'exhorter, d'avertir,* en face de ceux qui, « *sous prétexte de distinction entre la religion* « *et la politique,* prétendraient en circonscrire « *l'universalité.* »

Dans une autre lettre à l'évêque de Grenoble du 22 juin 1893, il s'exprime ainsi sur le compte de ceux qui ne se conforment point à la ligne qu'il a tracée :

« Il en est d'autres, nous regrettons de le constater, qui, *tout en protestant de leur catholicisme*, se croient en droit de se montrer *réfractaires* à la direction imprimée par le chef de l'Eglise, *sous prétexte qu'il s'agit d'une direction politique.* Eh bien ! *devant ces prétentions erronées, nous maintenons, dans toute leur intégrité, chacun des actes précédemment émanés de nous*, et nous disons encore : Non, sans doute, nous ne cherchons pas à faire de la politique, mais, *quand la politique se trouve étroitement liée aux intérêts religieux*, comme il arrive actuellement en France, *si quelqu'un a mission pour déterminer la conduite qui peut efficacement sauvegarder les intérêts religieux dans lesquels consiste la fin suprême des choses, c'est le Pontife romain.* »

Le texte même de cette lettre prouve que Léon XIII n'entend par direction politique que les prescriptions pontificales de l'Encyclique et de la lettre aux Cardinaux, *seuls actes émanés de son autorité*. C'est une confirmation évidente de la distinction que nous avons établie dans *le Cas de conscience*. En ce sens, il est parfaitement clair que le Pape ne cherchait pas à faire de la politique.

Mais tandis que Léon XIII s'en référait à ces actes, les commentateurs intéressés faussaient publiquement la portée de ceux-ci, et parvenaient à imposer en son nom ce sens dénaturé.

Ce résultat ne s'obtint pas dès le premier jour. Au début, le saisissement fut vif chez les catholiques le mieux disposés à suivre l'impulsion donnée. Ceux même qui s'étaient faits les promoteurs du mouvement, et qui, peu de temps après, entraînés par une logique fatale, devaient exclure des rangs catholiques quiconque ne donnait pas des gages à la République, s'opposèrent alors à un empressement injustifié.

Le 27 mars 1892, un mois après l'encyclique attendue, M. Pierre Veuillot marquait en ces termes, dans *l'Univers*, la vraie mesure à garder :

M. Dugué de la Fauconnerie presse M. Piou et les membres de la droite constitutionnelle de crier : « Vive la République ! » Les journaux de gauche déclarent à l'envi que jamais, à qui que ce soit, M. Dugué de la Fauconnerie n'a donné plus sage conseil.

Cependant il ne paraît point que les membres de la droite constitutionnelle veuillent se rendre à cette invitation, à ces instances. Entre accepter la République et crier : « Vive la République ! » il y a un pas, un grand pas. Ils se refusent à le franchir. Nous trouvons qu'ils ont absolument raison.

Il importe avant tout que les électeurs croient à la parfaite sincérité des membres de la droite constitutionnelle. Or, l'époque n'est pas lointaine, où la plupart des honorables députés qui forment ce groupe criaient : « A bas la République ! » Les entendre crier aujourd'hui avec la même ardeur : « Vive la République ! » pourrait sembler d'un enthousiasme un peu louche à bien des gens, dont les feuilles radicales font par-dessus le marché tout leur possible pour exciter les méfiances. On croira volontiers que les membres de la droite constitutionnelle se résignent à la République ; on croirait plus difficilement, et l'on n'aurait pas tort, qu'ils se soient épris d'elle si vite au point d'être prêts à lui donner dès demain tout leur sang.

Catholiques, nous sommes résignés ; constitutionnels, vous êtes résignés. Acceptons « loyalement et franchement » les institutions établies.

Faisons tous nos efforts pour qu'on ne puisse plus, sérieusement, mettre en doute notre résignation et notre acceptation. Dans ce but, gardons-nous de négliger aucune occasion d'en proclamer et prouver l'absolue sincérité. Mais tenons-nous-en là. D'abord, parce que nous préférons nous y tenir ; ensuite, parce qu'il n'en faut point davantage pour l'action que nous voulons entreprendre ; enfin, parce que nous serions suspects en allant plus loin.

L'interprétation de M. Pierre Veuillot s'accordait parfaitement avec celle du cardinal Lavigerie. *L'Univers* du 29 janvier 1892 cite ce passage d'une circulaire adressée à ses prêtres, deux jours après le toast d'Alger :

« Cette adhésion ne doit donc être ni une œuvre

d'entraînement, ni, à plus forte raison, une œuvre d'enthousiasme. Ce doit être une œuvre de *résignation*, de *raison*, et pour nous, catholiques, après les paroles formelles que je viens de citer en note, *une œuvre de conscience*. Il est vrai que l'on s'est habitué, en France, par suite de l'attitude d'un grand nombre de ses défenseurs, à regarder la République comme un gouvernement impie et sectaire ; mais, en soi, la forme républicaine n'a rien de nécessaire à cet égard.

« On a beau faire, désormais la question est posée. Les catholiques dignes de ce nom la résoudront par l'obéissance au Saint-Père, dont je n'ai jamais fait que répéter les leçons et soutenir les droits. Ils la résoudront par la *résignation* à la forme du gouvernement actuel, par la cessation d'une opposition systématique à la forme républicaine, qui rendrait stériles *leurs efforts pour la défense de la religion* dans l'ordre politique, et enfin, *par la formation d'une union catholique* efficace, qui leur a été si fortement recommandée. »

Mais trois mois ne s'étaient pas écoulés qu'on prêchait, au nom du Pape, l'adhésion formelle et définitive au régime républicain ; et ces objurgations, qui dépassaient si manifestement la portée de l'Encyclique, recevaient l'approbation publique du cardinal Rampolla. On en aura un spécimen dans le discours prononcé par

M. François Descostes, un des protagonistes de la cause, à l'Assemblée de *l'Association catholique de la Jeunesse Française*, à Grenoble, et reproduit par *l'Univers* du 29 mai 1892, avec la lettre du secrétaire d'Etat (*Univers* du 6 juin).

« Et quand je dis *accepter*, je n'entends pas parler d'une acceptation labiale, d'une adhésion émise du bout des lèvres, sans qu'il y ait rien au fond de la conscience, d'une de ces formules banales que l'on prononce pour la galerie tout en n'en pensant rien, et en se promettant à la première occasion de n'en rien faire.

« De ces formules-là, écloses au moment où le besoin s'en faisait sentir et oubliées le lendemain, personne n'en est la dupe, et elles n'ont d'autre effet que de discréter ceux qui les emploient.

Il faut donc, — et je suis bien tranquille en le disant *puisque ce sont les expressions mêmes du Saint-Père* — une acceptation franche, loyale, sans arrière-pensée, une de celles qui, une fois données, ne retournent pas en arrière au premier caillou rencontré sur la route, — une de celles dont on ne puisse pas dire qu'elles sont un simulacre ou une comédie et qu'elles ne coûtent pas plus à reprendre qu'à donner. Il faut, en un mot, qu'à la longue — car ça ne sera pas l'œuvre d'un jour — et en vous voyant à l'œuvre, en vous suivant dans les manifestations de votre vie de citoyen, en acquérant la preuve de votre sincérité, le pays puisse se dire que les institutions qu'il s'est données et qu'il a le droit de conserver, vous les faites vôtres, non seulement vous ne les combattez pas, mais vous les considérez *comme acquises, comme définitives, aussi indiscutables que la monarchie constitutionnelle en Angleterre et le pacte fédéral en Suisse et aux Etats-Unis* et que votre effort ne tend qu'à conquérir sur le terrain constitutionnel, sous le drapeau de la République, par les voies légales, les réformes et les progrès qui, à votre point de vue, s'imposent pour la sauvegarde complète de vos intérêts, de vos croyances et de vos libertés. A cette condition, mais à cette condition-là seulement, vous aurez, nous aurons la même force que les catholiques en Allemagne et en Belgique, et comme eux nous finirons par triompher et fonder dans la République ce grand parti *tory* dont le pays a comme le pressentiment et la secrète espérance...

« Voilà ce qu'il faut avoir le courage, non seulement de penser, mais de dire hautement et de mettre ouvertement en pratique. Jusqu'à ces derniers temps, il pouvait y avoir hésitation dans le mouvement, et quelque témérité à le devancer. Les audacieux qui se permettaient de bégayer timidement un pareil langage encouraient le risque d'être mis en quarantaine dans certains salons bien pensants et excommuniés par ces politiques habiles qui s'arrogent le droit d'être plus catholiques que le Pape ; mais maintenant, grâce au Ciel, la grande parole tombée du Vatican est venue rassurer les hommes d'avant-garde, enhardir les indécis, aiguillonner les retardataires ; le toast d'Alger ne serait plus à l'heure qu'il est un anachronisme soulevant des tempêtes et le moment n'est pas éloigné où un catholique pourra crier : *Vive la République !* sans craindre d'être traité d'hérétique par certains de ses frères ou de passer pour un farceur auprès de ceux qui voudraient confisquer la République à leur profit.

Voici la lettre du Cardinal Rampolla :

Rome, 31 mai 1892.

Très honoré Monsieur,

J'ai lu avec plaisir le discours que vous avez prononcé à Grenoble à l'occasion de l'Assemblée Générale de la Jeunesse Catholique. Je vous félicite et me réjouis avec vous des sentiments de piété filiale et d'obéissance pratique que vous y avez manifestés envers l'auguste Chef de la Sainte Église, et j'aime à espérer que vos nobles sentiments sont bien ceux de tous les membres de la Jeunesse Catholique de France.

C'est ainsi qu'on pourra atteindre le but que poursuit sa Sainteté en traçant, comme elle l'a fait encore tout récemment, la ligne de conduite que doivent suivre les fils de cette si noble nation.

En vous faisant cette communication, je suis heureux de me dire…

On lit aussi dans l'*Osservatore Romano* de fréquentes déclarations comme celles que l'*Univers* reproduisait le 13 octobre 1894.

Il nous semble que M. Eugène Veuillot a, avec sa

clarté habituelle d'idées et d'expressions, très exactement indiqué la raison pour laquelle les catholiques français on fait, ou doivent faire *une pleine et sincère adhésion à la République.*

Depuis lors, ce fut un feu roulant, et non encore interrompu aujourd'hui, de dissertations, de consultations théologiques, remplissant les journaux, les revues et les livres. Elles offrent toutes le même caractère. On y démontre, avec des arguments à perte de vue, l'obligation pour les catholiques de se soumettre à l'autorité pontificale, la gravité de l'insoumission; on s'y livre souvent à des attaques violentes et à des récriminations passionnées contre les réfractaires. Un seul point demeure invariablement obscur, et toujours passé sous silence, l'objet précis de ce devoir. Or c'était justement là ce qu'il aurait fallu exposer avec clarté. Car en urgeant avec tant d'insistance, et à grand renfort de textes, la nécessité d'une obéissance dont ils faussaient l'objet, tous ces docteurs accomplissaient une besogne malsaine, et ruinaient la morale au lieu de l'affermir (1).

(1) Les prédicateurs de retraite, dans les réunions d'Enfants de Marie, comme dans les séminaires, tonnaient vaguement contre l'insoumission. Ce n'étaient plus les passions mauvaises qu'ils

La confusion entre les enseignements du Pape Léon XIII et ses vues politiques rendait, il est vrai, cette explication difficile. C'est cette confusion qu'il aurait fallu dissiper d'abord. Au chapitre VIII du *Cas de conscience*, il est démontré que la soumission due à la politique pontificale ne dépasse pas l'acceptation sincère du régime républicain comme gouvernement *de fait*. Ce qui va au delà ne se rattache plus qu'à des vues politiques qui ne sauraient lier la conscience des catholiques.

Le malheur a été que les vues démocratiques personnelles à Léon XIII et sa politique républicaine ont accompagné, précédé et suivi l'Encyclique. Les libéraux, partisans de ces vues et de cette politique, avaient beau jeu, il faut le reconnaître, à les souder ensemble. Tout, dans la conduite extérieure de la curie romaine, contribuait à leur donner raison en apparence.

Les intérêts de cette politique et l'engrenage de concessions dans lequel ils engageaient, empêchèrent le redressement de l'erreur, qui finit par

---

s'appliquaient à extirper des cœurs; leur mission semblait n'être plus que d'en arracher le sentiment monarchique. Le péché de monarchie était devenu le grand mal des âmes. Et cela dure encore.

s'arroger avec intransigeance le droit de la vérité.

Vainement, un peu plus tard, le Souverain Pontife Léon XIII déclara, dans sa lettre à Mgr Mathieu : « *Nous n'avons jamais rien voulu ajouter, ni aux appréciations des grands docteurs sur la valeur des diverses formes de gouvernement, ni à la doctrine et aux traditions de ce Siège Apostolique sur le degré d'obéissance dû au pouvoir constitué.* »

Un tel avertissement n'aurait pas dû être nécessaire. Comment expliquer qu'il soit demeuré non avenu ?

Mgr di Rende, archevêque de Bénévent, ancien nonce à Paris, avait déjà rappelé cette règle évidente, dans une lettre adressée à M. le baron Tristan Lambert, demeuré fidèle à ses convictions monarchiques, pour le prier de transmettre ses condoléances au duc d'Alençon, après l'horrible catastrophe du Bazar de la Charité. Cette lettre fut alors publiée dans les journaux. Elle portait en post-scriptum :

... J'aurais dû finir, mais je ne veux pas le faire sans vous dire un mot de *la Défense* (1). Je man-

(1) *Journal de Seine-et-Marne*, dirigé par le Baron Lambert.

que jamais de la lire, et je veux vous dire bien franchement que vous êtes peut-être le seul qui ayez compris le Pape ; et cela, parce que vous avez eu soin de comparer les paroles du Saint Père avec celles de ses prédécesseurs.

Il est évident que, lorsqu'un Pape parle de choses aussi sérieuses que du droit des dynasties, et des principes sur lesquels reposent les États, il ne peut guère se mettre en contradiction avec les autres : et si, parfois, quelque apparence de contradiction apparaît aux esprits légers, il faut la corriger avec les enseignements des autres Pontifes.

Malheureusement, notre Saint-Père a eu des commentateurs excessifs et tapageurs, ou bien, las d'être en dehors de la classe dirigeante du moment.

Mes respects à la baronne et mille choses affectueuses pour vous de

Votre dévoué cousin,

CAMILLE, cardinal SICILIANO,
Archevêque de Bénévent.

On ne s'apercevait plus, en effet, que l'*adhésion explicite* exigée au nom de la soumission au Pape était en contradiction avec les termes mêmes de sa Lettre aux cardinaux français, où il parlait seulement du gouvernement *établi en fait*, qu'il demandait d'accepter comme avaient été acceptés les gouvernements antérieurs, en faveur desquels aucun pape n'avait assurément montré pareille exigence (1).

On ne s'apercevait plus que celle-ci dépassait la Constitution, et que Léon XIII, en l'imposant, aurait réclamé au nom du gouvernement établi un genre de soumission auquel la République déclarait ne se sentir aucun droit. Et il ne s'agit pas ici de la forme originelle de la Constitution de 1875. *Deux ans après* le congrès de 1884, qui proclama la République définitivement établie, M. de Freycinet, président du conseil, faisait à la tribune du Sénat cette déclaration, en 1886 :

« Je reconnais le droit de tous : je reconnais aux partis monarchiques le droit de préparer l'avènement de la monarchie.

« Je leur reconnais le droit d'y travailler par une propagande pacifique et légale.

« Jamais je ne m'élèverai contre les hommes politiques qui croient de leur devoir de préparer l'avènement d'un régime qu'ils estiment être le mieux approprié au bonheur du peuple.

« Je reconnais également aux princes qui se croient appelés à régner le droit d'affirmer leurs prétentions ; mais je leur dis : Le jour où vous affirmerez vos prétentions, vous devrez imiter l'exemple du comte de Chambord. »

(1) *Cas de conscience*, chap. IX.

On ne se souvenait plus qu'après le toast d'Alger la lettre du cardinal Rampolla à l'évêque de Saint-Flour renvoyait, pour commentaire des intentions de Léon XIII, à la Constitution *Sollicitudo* de Grégoire XVI, acte solennel de l'autorité pontificale, où il est dit :

« S'il arrive, à nous ou à nos successeurs, de traiter ou de régler quelque chose avec ceux qui sont à la tête des affaires, dans un gouvernement de quelque forme que ce soit, *aucun droit ne doit leur être attribué, acquis ou reconnu*, en vertu des actes, règlements et conventions de ce genre, ni aucun argument ne peut et ne doit en être tiré pour mettre en question, diminuer ou modifier le droit des autres. »

On ne s'apercevait plus qu'en donnant aux prescriptions de Léon XIII le sens d'une acceptation formelle et d'une adhésion définitive on mettait sa doctrine en contradiction avec celle de son prédécesseur Pie IX, et qu'elle prenait le sens de propositions condamnées par le *Syllabus*.

L'honneur et la conscience, déclarait Léon XIII, imposent *l'acceptation sincère des gouvernements établis en fait, à la place des anciens gouvernements qui, en fait, ne sont plus, quoi-*

que le changement ait pu ne pas être légitime au début.

Mais si cette acceptation doit être explicite, formelle, définitive, au lieu d'une sincère soumission de fait, qui ne voit qu'alors le fait accompli, dès qu'il est constitué et qu'il fonctionne, s'identifie au droit, et exige, en honneur et conscience, le même respect? Ce serait la glorification du succès, la légitimation de toutes les usurpations. M. Emile Ollivier aurait eu alors raison d'écrire : la force créait déjà le droit dans les relations internationales ; désormais elle en sera aussi l'origine dans la constitution des États (1).

Que deviendrait la condamnation de Pie IX contre cette maxime « que, dans l'ordre politique, les faits accomplis, par cela même qu'ils sont accomplis, ont valeur de droit (2) » ?

On dira que Léon XIII considérait la République comme légitimée par la volonté nationale. C'est une thèse politiquement et historiquement très contestable. La troisième République, criminelle par son origine, dont l'établissement

---

(1) *Solutions politiques et sociales*, page 283.
(2) Encyclique du 8 décembre 1864 et art. 59 et 61 du *Syllabus*.

légal fut frauduleux, qui n'a jamais été reconnue par une consultation nationale ni même par des élections lui apportant une réelle majorité de suffrages, n'a pas cessé d'agir contre les fins qui rendent le pouvoir légitime, et enfin demeure révisable, en vertu même de la Constitution (1).

Est-ce en faveur d'un tel régime qu'il aurait convenu de modifier la conduite ordinaire de l'Église et de créer un droit nouveau ?

Quelles peuvent donc être les répugnances et les révoltes intérieures de ceux qui croient avoir aujourd'hui encore les mêmes motifs pour lesquels le cardinal Perraud, en 1892, voyait dans la République un régime prétendant s'imposer à notre nation chrétienne comme une forme de gouvernement athée ?

Il disait, à cette époque, dans sa substantielle brochure sur la *Discussion concordataire* :

> La République devenue un dogme, en tant qu'elle affirme son irréductible opposition non seulement aux idées et sentiments qui prennent leur source dans l'Evangile, mais encore aux vérités premières de la religion naturelle et de la métaphysique spiritualiste ; un dogme qu'elle emprunte à la franc-maçonnerie matérialiste et athée et dont elle prétend faire

(1) Pour les développements, voir *Cas de conscience*, chap. ix.

la base de notre législation, telle est bien à cette heure la forme sous laquelle se présente et veut s'imposer à une nation libre et chrétienne un gouvernement pour lequel le pouvoir n'est rien, s'il ne sert à établir et à maintenir la domination intolérante d'une secte qui ne tient aucun compte des aspirations religieuses de l'homme et entend ne leur laisser aucune place ni dans l'individu, ni dans la famille, ni dans la société.

La célèbre déclaration des cinq cardinaux français, en 1892, portait aussi :

Ce qui est malheureusement vrai, c'est que, depuis douze ans, le gouvernement de la République a été autre chose que la personnification du pouvoir public ; *il a été la personnification d'une doctrine et d'un programme en opposition absolue avec la foi catholique...*

Aujourd'hui, après vingt-cinq ans, ces jugements sont-ils moins fondés ?

Cela étant, n'est-il pas extraordinaire, stupéfiant, qu'au lieu de se contenter d'une sincère soumission de fait, déjà trop absolue, hélas ! ceux qui se disent les meilleurs catholiques, qui prétendent être les seuls vrais, s'obstinent à subordonner, en fait, toute résistance contre la persécution religieuse à l'acceptation formelle et définitive d'un tel régime, et supportent presque sans mot dire les mesures les plus iniques contre leurs croyances et leurs droits, de peur que leur loyalisme politique soit suspecté ?

N'est-ce pas, de leur part, une prétention révoltante de désavouer, d'exclure ceux mêmes qui mettent leur foi religieuse avant la foi républicaine ?

Et comment espérerait-on rétablir la concorde entre les catholiques, tant que ceux-ci n'auront pas les mêmes droits que ceux-là, tant que pèsera sur eux une suspicion d'autant plus odieuse que la fidélité de ces sectateurs zélés des directions pontificales consiste, en fait, à les trahir ?

Le mot est gros. Je n'ai garde d'incriminer les intentions, ni de méconnaître les mérites, qui peuvent être fort grands. Mais la suite va montrer que l'organisation politique et électorale chargée de faire prévaloir ces directions pontificales a faussé le moyen et oublié le but. Elle a déplacé les obligations, elle a perdu de vue la grandeur de la cause sacrée qu'on lui confiait, et a soumis les conditions de sa défense à celles du droit nouveau dont elle prépare le triomphe.

L'*Action Libérale Populaire* est l'héritière de cette politique et, à ce titre, contribue à perpétuer la funeste confusion qu'elle a engendrée. Ce vice d'origine est déjà bien grave. C'en est un plus grave encore d'aller à l'encontre des prescriptions pontificales qu'on prétend avoir le monopole d'appliquer.

CHAPITRE III

L'Action Libérale Populaire

Thèse

L'ACTION LIBÉRALE EST L'ORGANISATION PRATIQUE des vues politiques de Léon XIII.

CE NE PEUT ÊTRE A CE SEUL TITRE QUE ROME LUI ACCORDERAIT PUBLIQUEMENT SON PATRONAGE, ET, A CE POINT DE VUE, RIEN NE FAIT AUX CATHOLIQUES UN DEVOIR D'ADHÉRER A CETTE LIGUE.

MAIS, D'AUTRE PART, ROME NE PEUT VOULOIR D'UNE ORGANISATION LIBÉRALE.

OR, L'ACTION LIBÉRALE POPULAIRE, INVESTIE D'UN MONOPOLE POUR LA DÉFENSE DES INTÉRÊTS RELIGIEUX, RENDRAIT L'AUTORITÉ PONTIFICALE SOLIDAIRE D'UN libéralisme QU'ELLE A TOUJOURS RÉPROUVÉ.

L'ACTION LIBÉRALE TRAHIT EN FAIT LES DROITS SACRÉS DES CATHOLIQUES : 1º EN LES RÉDUISANT A un minimum INACCEPTABLE POUR L'ÉGLISE ; 2º EN LEUR DONNANT POUR BASE le droit commun, PAR UNE FLAGRANTE OPPOSITION A L'ENCYCLIQUE MÊME DU RALLIEMENT, DONT CETTE LIGUE PASSE POUR ÊTRE AUSSI L'APPLICATION PARFAITE.

EN SORTE QUE LA CURIE ROMAINE ET SES REPRÉSENTANTS, EN IMPOSANT AUX CATHOLIQUES FRANÇAIS L'ADHÉSION A L'ACTION LIBÉRALE POPULAIRE, NON SEULEMENT EMPIÉTERAIENT

SUR LEUR INDÉPENDANCE POLITIQUE, MAIS, DE PLUS, SE TROUVERAIENT PRÉCONISER UNE ORGANISATION CONTRAIRE AUX PRINCIPES QU'ILS ONT TOUJOURS DÉFENDUS COMME INTANGIBLES.

§ I. — *L'organisation politique du Ralliement.*

Ce ne fut pas une petite affaire de donner une organisation effective aux vues politiques de Léon XIII.

Les sectateurs du ralliement à la République y dépensèrent le plus clair de leur activité et de leurs efforts. S'ils en avaient consacré autant à la défense directe des libertés de l'Eglise, celles-ci n'auraient pas toutes disparu. Mais la logique de leurs desseins exigeait bien autre chose. Il fallait d'abord que tout catholique en France fût devenu républicain, et, de plus, qu'un parfait loyalisme mît sa sincérité politique à l'abri de tout soupçon aux yeux du gouvernement. Après quoi, obtenir la liberté pour l'Eglise ne serait plus qu'un jeu. Seulement c'était abdiquer le devoir le plus certain et subordonner cette liberté à une chimère absurde.

La période de tâtonnements et d'essais fut très longue. On peut en lire les détails, sobrement racontés, au chapitre vii de l'ouvrage de Léon de Cheyssac sur le Ralliement.

Le premier chef auquel on pensa fut Albert de Mun.

Des ralliés, c'étaient les plus nombreux, n'avaient vu dans cette évolution politique qu'une forme nouvelle du conservatisme. Ils restaient, sous l'étiquette républicaine, ce qu'ils avaient été jadis, d'honnêtes conservateurs. De ceux-là, M. de Mun était l'homme.

Les autres formaient une minorité tapageuse. Leur ralliement ne gardait aucune retenue. Ils avaient en politique et en sociologie des théories et des discours qui inquiétaient. Quelques-uns les qualifièrent, à leur grande satisfaction, de démocrates chrétiens. Ce titre leur est resté. Mais il en est parmi eux qu'on aurait pu nommer avec plus de raison *sans-culottes chrétiens*. Ces esprits audacieux ne pouvaient avoir en de Mun leur chef. Son ralliement ne leur inspirait pas confiance. Ils le trouvaient trop inféodé aux Pères Jésuites. De son côté, de Mun se rendait compte des dangers que cachaient leurs théories sociales et leur allure politique. Il eut la loyauté de le dire publiquement. Sa parole ne fut pas écoutée.

Et puis, le temps marchait, et avec lui les événements et les hommes. Ceux-ci subissaient la logique des situations politiques adoptées. Un beau matin, les ralliés se trouvèrent en présence du ministère

Méline. Le ralliement et le progressisme répondaient à des besoins analogues et venaient d'états d'esprits qui se ressemblaient étonnamment. Une alliance était dans la nature des choses. Elle devait avoir sur l'organisation des catholiques ralliés et sur le choix de leur chef une influence décisive. On ne songeait plus au comte de Mun. Les espérances qui s'étaient éloignées de lui se reposaient sur M. Étienne Lamy. Elles ne pouvaient mieux tomber.

M. Lamy avait, outre de hauts mérites et son grand talent, l'avantage très rare d'être un catholique républicain d'avant la Lettre. Mais son libéralisme était connu. On ne s'était pas fait faute de relever certaines thèses très hasardées, comme l'idée de baptiser la révolution, et des formules vraiment dangereuses. M. Lamy entrevoyait le temps où « *catholiques et libres-penseurs* pourraient consacrer *leurs forces réconciliées* à conjurer le vrai péril de notre temps, le péril social ».

A la vérité, ce n'était pas de quoi arrêter les instigateurs du mouvement, bien au contraire. Mais M. Lamy, avec sa clairvoyance et son expérience politique, se rendit compte qu'il ne pourrait tirer parti de la situation et des hommes. Il s'écoula plus d'une année dans ces négociations.

Parmi les organes de publicité exploités par

la coterie accaparant les Directions pontificales, et qui lui servaient à répandre la pluie d'informations, les suggestions quotidiennes destinées à imposer la politique qu'elle couvrait de ce grand nom, le *Patriote de Bruxelles* tenait un bon rang.

L'Univers, quand il le reproduisait, avait coutume d'ajouter sentencieusement que ses dires méritaient considération.

Au commencement de décembre 1895, ce journal publia la dépêche suivante, qui marquait l'aurore de *l'Action Libérale Populaire*.

Rome, 2 décembre.

Des échanges de vues viennent d'avoir lieu entre le Vatican et de hautes personnalités catholiques françaises. Ces négociations confidentielles visent l'établissement, à Paris, d'une organisation religieuse et d'un comité central au profit des instructions pontificales en matière sociale et politico-religieuse.

Ce comité se composerait des hommes les plus marquants, et notamment « des jeunes », qui désirent réaliser pratiquement l'idéal romain, dans ses relations avec l'Église de France. Le programme serait large, national, constitutionnel. Il statue :

1° La reconnaissance loyale de la République ;

2° L'action sociale et religieuse sur le terrain constitutionnel, par les conférences, les journaux et les comités de Paris et de province ;

3º L'accès de « tous les honnêtes gens », car le comité ne veut pas un parti « catholique », mais un parti « national » où toutes les forces favorables à la renaissance trouveraient leur emploi ;

4º L'organisation électorale sur le même terrain constitutionnel social et national ;

5º La subordination de toutes les sympathies personnelles aux grands intérêts de la nation et de l'Église.

De temps en temps, le public avait quelque indice de ce qui se préparait. Le bruit de l'apparition d'un grand journal sous la direction de M. Lamy ayant donné lieu à une polémique, *le Nouvelliste de l'Ouest*, dans une vive attaque contre *la Vérité*, déclara que l'information ne reposait sur rien, mais à cette occasion il reproduisit une correspondance que lui transmettait de Paris l'agence des directions pontificales. J'y relève un passage très significatif sur le fait de ces négociations et sur l'exclusion des conservateurs.

Ceux qui ont reçu mission de donner aux forces catholiques leur organisation définitive sur le terrain des institutions politiques existantes ne s'attarderont pas à des œuvres personnelles et particulières.

Un journal hebdomadaire de plus ou de moins

serait chose fort insignifiante ; ce qu'il s'agit de faire, c'est le groupement des catholiques unis, sur le terrain républicain, aux hommes modérés « et pourvus d'une honnêteté naturelle » qui consentent à leur tendre la main, *pour se défaire à la fois d'une opposition anticonstitutionnelle impuissante* et des sectaires anticléricaux et francs-maçons qui ont accaparé jusqu'ici l'idée républicaine (1).

Aujourd'hui encore on agite, avec la participation de M. Piou, le projet de fonder le grand journal du parti. Le nom sous lequel on en fixe le rôle vaut à lui seul un programme. Ce doit être, dit-on, *le Journal des Débats* du clergé et des catholiques. M. Lamy, de nouveau, est proposé pour en prendre la direction. Et sait-on le pivot de la combinaison ? C'est la suppression de *la Vérité française*.

Nous n'avons en France que deux grands journaux de doctrine religieuse. Un seul est irréprochable, c'est celui-là. On connaît le genre spécial de *la Croix*. *L'Univers* a été incontestablement « le bon journal » au point de vue de la politique pontificale, qu'il s'est efforcé de faire prévaloir par tous les moyens. Mais sous le rapport de la doctrine, il est très loin d'offrir

(1) Lettre reproduite par *la Vérité* du 11 décembre 1896.

la même fermeté que *la Vérité française*. Le parallèle entre l'attitude de l'un et de l'autre, depuis quinze ans, dans chacune des questions débattues parmi les catholiques, serait singulièrement instructif à cet égard.

Eh bien ! le premier point de la grande combinaison actuelle, sous l'inspiration de M. Piou, c'est la suppression du vrai et unique bon journal religieux. Le représentant officieux de la Cour de Rome à Paris y travaille directement avec zèle.

Le ralliement n'est donc pas une forme d'action politique facile à organiser et à conduire. Il était encore, après dix ans de vie, acéphale et inorganisé, lorsque Mgr Lorenzelli vint occuper le nonciature de Paris. Le cardinal secrétaire d'État lui prescrivit de remédier à cette situation. On commença par chercher un chef. M. Piou, qui applaudit des premiers au toast d'Alger, accepta ce rôle. Le mot de ralliement était déconsidéré. Il fallut en trouver un autre. Celui d'*action libérale populaire*, qui signifie à la fois rien et tout, fut accepté. Restait le programme à formuler. Celui des progressistes ou quelque chose d'approchant pouvait convenir. Il suffisait de quelques formules creuses et banales pouvant servir de tambour ou de grosse caisse aux honnêtes gens. La presse existait et fonctionnait. Il ne manquait plus que l'argent. Avec l'argent, on a l'éloquence, on a les candidats, on a la publicité, on a tout. Cet argent finira bien par venir.

M. Piou eut à chercher pour son action un point d'appui solide. La nonciature et la secrétairerie d'État lui donnèrent une sorte d'investiture, qui l'établissait le grand chef des catholiques de France, et son *Action libérale* fut présentée comme la seule ligue politique ayant l'approbation et les encouragements du Saint-Siège. Comme l'argent vient des femmes, il y eut une ligue patriotique des femmes françaises chargée de pouvoir à l'entretien de la caisse. Le clergé appuya de tout son pouvoir M. Piou, son action et sa ligue. Des religieux se virent obligés de le seconder. On ne saura jamais tout ce que M. Piou doit, en particulier, aux Pères Jésuites.

Il importait d'assurer un monopole à l'*Action libérale* et à son chef. Le succès de l'entreprise en dépendait. On ne se contentait pas d'ordres vagues. Il s'était formé à Lyon une ligue de femmes françaises. Ce n'était pas une ligue politique. Elle entendait se tenir uniquement sur le terrain de l'action religieuse. Les directrices vers lesquelles l'argent afflua un jour firent de larges distributions lors des dernières élections législatives (1). M. Piou eut la part du lion pour les candidats de l'*Action libérale*. Il voulait plus; il ne cacha pas son dessein d'unir la ligue lyonnaise à l'*Action libérale*. Pour vaincre certaines résistances, on fomenta une division d'où sortit la ligue patriotique des femmes françaises, fortement appuyée par

(1) Celles de 1902.

un tiers ordre de femmes savamment organisé. Il y en eut qui refusèrent de les suivre, ne voulant pas s'inféoder à une ligue électorale. On les dénonça de ce fait à Rome comme royalistes et une campagne très énergique fut menée contre elles.

M. de Cheyssac, auquel ce récit est emprunté, parle en homme très informé, mais qui ne peut ou ne veut pas tout dire. On n'ose pas le blâmer de cette réserve, inspirée par le désir de ménager des personnes fort respectables, et peut-être aussi par la crainte de ne pas être cru, s'il montrait à nu la pression exercée pour concentrer entre les mains de M. Piou toutes les ressources des catholiques, et réduire toute leur énergie à la mesure de sa politique.

Qui aurait admis, par exemple, qu'il pût y avoir de sa part menace de faire supprimer *la Ligue des femmes françaises* si elle ne se mettait à sa discrétion? Qui croirait à la futilité des prétextes invoqués pour y amener une scission? Quel catholique sincère n'aurait été froissé et indigné d'apprendre qu'on agissait avec succès à Rome pour obliger ce groupe des femmes françaises demeurées fidèles à leur programme simplement religieux, à remettre entre les mains de M. Piou l'argent qu'elles recueillaient pour les élections? Qui ne protesterait de toutes ses forces contre l'inexcusable abus d'autorité de ces directeurs de conscience qui, depuis lors et encore aujourd'hui, obligent leurs pénitentes à quitter la Ligue des femmes françaises pour entrer dans la Ligue patriotique et s'inféoder à l'Action Libérale?

Voici quelques simples détails sur cette scission.

En l'été 1901, Mme L..., de Lyon, eut la pensée de réunir toutes les femmes de France dans le but de travailler à faire de bonnes élections législatives en 1902.

En même temps, la marquise de Ch..., à Paris, avait la même inspiration, mais, apprenant qu'elle était devancée par Lyon, elle se mit en rapport avec le comité naissant pour ne former qu'une seule œuvre « la Ligue des Femmes françaises ».

La Présidente d'honneur fut la comtesse de C... et deux bureaux centraux furent constitués, le bureau de Paris avec la baronne de B... comme présidente, la comtesse de St-L... présidente du bureau de Lyon.

Pour les questions importantes, les deux comités se consultaient, mais ils n'étaient pas toujours d'accord; cependant, jusqu'au moment des élections, aucune divergence trop criante ne se manifesta au dehors.

Le 22 mai 1902, les collaboratrices actives de la « Ligue des Femmes Françaises » étaient convoquées en assemblée extraordinaire, chez Mme de B..., présidente du bureau de Paris. Mme de C..., présidente générale de la Ligue, n'assistait pas à cette réunion, qui fut présidée par M. l'abbé Odelin, vicaire général de Paris.

Elle était nombreuse et on pouvait remarquer bon nombre de visages inconnus; bien des personnes n'ayant pas coopéré aux travaux de la Ligue étaient présentes.

Une des secrétaires de la Ligue expliqua alors que la situation avec le Comité de Lyon était devenue impossible, et que, sur une lettre plus violente que les autres, le bureau du Comité de Paris avait décidé de se séparer de celui de Lyon. C'était pour annoncer ce changement que le Comité de la Ligue des Femmes Françaises était convoqué en ce jour et pour mettre un sceau à cette modification M. le vicaire général avait bien voulu venir à la réunion. Le Comité de Paris d'ailleurs continuerait son action bienfaisante. *Il allait s'affilier à l'Action Libérale de M. Piou* en prenant un nom particulier et en conservant son autonomie.

A ces mots, Mme R. de la S... — au nom de la marquise de Ch... (Mme de Ch... était à ce moment retenue sur un lit de douleurs par la maladie mortelle qui devait l'emporter quelques semaines plus tard), vice-présidente des Femmes Françaises — exprima, en quelques paroles très claires et très mesurées, la désapprobation formelle de Mme de Ch..., sa cousine, pour la scission qui se préparait. Elle dit qu'un instant avant de venir chez Mme de B... elle recevait encore de sa cousine un blâme très net pour « l'exemple déplorable » qu'on allait donner à la France qui assisterait au désaccord des femmes catholiques.

Deux dames du comité s'associèrent à l'indignation formulée et demandèrent à voir la lettre du comité de Lyon sur laquelle était basée la décision du bureau de Paris. — En vain les secrétaires allèrent-elles chercher la pièce incriminée, celle-ci demeura introuvable.

Cependant, malgré cette légitime opposition, toutes les dames présentes furent invitées à voter la constitution de la nouvelle ligue — dont les statuts *étaient déjà déposés* (depuis le matin ou la veille) à la préfecture de police.

Le surlendemain, 24 mai, une nouvelle réunion avait lieu chez la Baronne de B..., où se trouvaient encore toutes les militantes ; les unes, fidèles à la Ligue des Femmes Françaises, formaient la minorité, les autres, sous le nouveau nom de « *Ligue Patriotique des Françaises* », devenaient les auxiliaires de l'*Action Libérale* et, pour consacrer cette adoption, M. Piou lui-même venait présider cette seconde réunion.

La scission était consommée... le bureau de Paris s'était séparé de la Ligue des Femmes Françaises et tandis que la Présidente Générale, la Comtesse de C..., avait encore le local du 53, rue de Vaugirard, à son nom — qu'elle le payait toujours, — « la Ligue Patriotique des Françaises » s'y installait et faisait sien tout le travail produit dans les mois précédents par la Ligue des Femmes Françaises, adresses recueillies, etc.

Avant le carême de 1903, le comité Tradition-Progrès fit donner, dans l'ancienne chapelle des Jésuites de la rue de Sèvres, une conférence par M. de Lamarzelle sur la résistance religieuse. L'orateur impressionna vivement son auditoire, en émettant les inquiétudes que lui causait la crainte d'une prochaine séparation de l'Église et de l'État.

Le général de R... et plusieurs de ses amis comprirent, dès lors, la nécessité de préparer une organisation de la défense religieuse, en prévision des événements.

Dans ce but on s'adressa à M. Keller, qui accepta de former un comité. M. de Marcère en fut vice-président, M. Brunetière y entra aussi. Les premières réunions eurent lieu après Pâques. Toute la presse fit d'abord bon accueil à ce projet. Les divers groupements d'œuvres y adhérèrent avec empressement, à l'exception de l'Association Catholique de la Jeunesse Française, qui, trop inféodée à l'Action Libérale, se tint dès le début sur une réserve chagrine.

Cela ne pouvait durer. Les tiraillements se firent bientôt sentir. Un jour, dans une réunion, M. Marc Sangnier prit la parole pour demander « si l'on suivrait les Directions pontificales » ! — Naïf, celui qui ne voit sous ce nom que les conseils de l'Encyclique. Les Directions pontificales, c'est l'exclusion des conservateurs, la profession de foi ouvertement républicaine, les rengaînes sur la démocratie et tout le programme du libéralisme. — M. Brunetière répliqua vivement en rappelant le but du Comité, constitué uniquement pour s'occuper de défense religieuse et ajouta : qu'y a-t-il là de contraire aux directions pontificales ? Marc Sangnier répondit : On m'avait chargé de poser la question. — Enfant terrible !

Bientôt parurent dans *l'Univers* et dans *la Croix* des appréciations discordantes, émanant visiblement de la même source. Un jour ces deux journaux publièrent une note déplorable. On se demanda si elle ne venait pas du ministère de l'Intérieur, dit M. de Cheyssac; non, elle venait simplement de la nonciature. Le nonce ne voulait pas une ligue de défense dont il n'eût pas été le maître. Il avait sur son bureau une lettre de désaveu destinée à être livrée au public, si M. Keller eût persisté. Or, quel motif alléguait-on à la nonciature et dans les milieux informés, pour expliquer cette prohibition étrange ? Il ne doit y avoir en France qu'une seule ligue catholique, l'Action Libérale de M. Piou.

L'Action Libérale, on le verra tout à l'heure, n'est pas une organisation franchement catholique. En revanche, elle est, contrairement à sa raison d'être, une organisation politique; elle l'est nécessairement par le vice de son origine. La mise en œuvre des prétendues Directions pontificales, dont on a fait une direction plus politique que religieuse, ne pouvait pas ne pas aboutir à une organisation moins religieuse que politique.

L'Action Libérale a beau prendre pour mot d'ordre et pour base l'accord *sans distinction de partis,* elle trahit ce mot d'ordre à tout instant, obligée qu'elle est de s'affirmer nettement constitutionnelle, c'est-à-dire républicaine, et de faire intervenir cette profession de foi alors que, tous étant unis dans une sincère acceptation du gouvernement de fait, la prudence, la dignité, l'esprit de justice et de charité devraient écarter toute manifestation de zèle politique.

Et s'il ne s'agissait que de manifestations oratoires ! Mais les faits dépassent même avec les déclarations. Elles apparaissent donc parfaitement légitimes, les protestations que l'Action Libérale soulève par ses agissements contre les journaux et les candidats qui font leurs réserves sur l'adhésion formelle à la République (1) ;

(1) L'histoire de cette campagne, sourde, mais acharnée, n'en-

parfaitement légitime, leur revendication de n'avoir pas moins part au concours de la ligue que les candidats républicains, alors qu'elle tire principalement ses ressources des monarchistes venus à elle de bonne foi et des opposants au régime; elle est parfaitement fondée, l'accusation portée contre elle de saper les positions des conservateurs, tandis qu'elle recherche l'alliance des progressistes séparés d'elle par des principes hostiles à l'Eglise.

Je ne puis songer à entrer ici dans le détail des faits. Le plus récent les peindra tous.

Le département de Maine-et-Loire a toujours été un fief conservateur exemplairement fidèle.

---

tre pas dans le plan de cet ouvrage, consacré principalement à une discussion d'idées. Elle aurait son utilité, pour achever d'éclairer ceux qui ont peine à y croire. Celui qu'elle tenterait aurait de curieuses enquêtes à pousser sur les projets de fondation de journaux ralliés là où existent de bons organes conservateurs, comme au Mans, à Toulouse, à Montauban, à Moulins, à Nantes, à Rennes et en cent autres villes. Les candidatures ne seraient pas moins intéressantes à étudier. On découvrirait, par exemple, que si M. de Montalembert s'est retiré aux dernières élections, c'est parce qu'il a eu à opter entre la profession de foi républicaine qu'on a voulu lui imposer ou la compétition d'un candidat de l'Action Libérale. M. de Montalembert, monarchiste, qui avait noblement représenté jusque-là les intérêts catholiques, céda galamment la place... qui fut prise par un blocard. Les traits de ce genre et beaucoup d'autres analogues seraient faciles à recueillir.

Un mandat de sénateur étant devenu vacant au mois de mars 1906, par suite de la mort du regretté comte de Blois, le Comité conservateur qui dirige habilement la politique catholique dans ce département où l'Action Libérale n'a heureusement pas réussi à s'implanter, offrit le siège vacant à M. de la Bourdonnaye, député sortant de la circonscription de Cholet. Celui-ci, élu sans interruption depuis 1884, avec une majorité toujours croissante, n'a jamais donné à la Chambre un vote douteux sur aucune question religieuse. En vertu de la combinaison indiquée, il passait la main, comme député, au duc de Blacas, son gendre, excellent catholique, qui jouit d'une grande influence dans la région.

M. Jules Delahaye, le vaillant journaliste, dont la place paraissait mieux marquée qu'aucune autre à la Chambre, eut le projet de solliciter ce mandat législatif. Originaire de l'Anjou, où sa famille est universellement connue et où lui-même a des relations précieuses, il avait les plus grandes chances de succès. Mais il s'arrêta net devant la crainte de diviser les conservateurs, même sur une simple question de personnes qui eût laissé leur programme intact.

M. Fabien Cesbron, de l'Action Libérale, député sortant de Baugé, n'eut pas le même scrupule. La candidature de M. de La Bourdonnaye au Sénat était déjà publique, quand il annonça bravement la sienne. Convoqués l'un et l'autre devant l'assemblée des délégués sénatoriaux, M. de La Bourdonnaye prit le premier l'engagement d'accepter leur décision. Son compétiteur, invité à faire la même déclaration, s'y refuse, s'oppose même à ce qu'on donne le résultat du scrutin, et se laisse aller vis-à-vis de ses contradicteurs aux vivacités les plus regrettables. Malgré ces incidents le scrutin eut lieu, fut proclamé, et M. de La Bourdonnaye désigné comme candidat par une forte majorité.

On n'en eut pas moins contre un candidat catholique monarchiste, assuré du succès, la candidature libérale républicaine de M. Fabien Cesbron; d'où le spectacle donné à tous de divisions, d'attaques, d'invectives déplorables entre catholiques, et la scission introduite dans un département demeuré parfaitement homogène jusque-là, au grand profit de la cause religieuse. Mais on y criera désormais : Vive la République !

Sans nous égarer sur les incidents, citons encore celui-ci, à propos de la candidature, dans ces dernières élections, de M. H. Bazire, qui fut, pendant huit années, président de l'Association Catholique de la Jeunesse française. Je l'emprunte au journal *le Publicateur de la Vendée* :

« M. Bazire avait mené sa campagne avec une superbe crânerie et fait une dépense de talent que ses adversaires eux-mêmes se voient dans l'obligation de confesser.

« Il se heurtait à des préjugés fortement enracinés et à des partis-pris irréductibles.

« On avait cru, en posant sa candidature, que ses opinions républicaines, hautement affirmées, feraient disparaître les premiers et atténueraient les seconds dans une notable mesure.

« Il n'en a rien été...

« M. Bazire *a vainement proclamé son détachement des anciens partis et son attachement au régime actuel.*

« Inutilement *il a répudié toute entente avec les hommes qui, à côté de leur foi religieuse, gardent une inaltérable fidélité qui ont assuré à la France des siècles de gloire, de prospérité et de grandeur.*

« Il suffit, pour s'en convaincre, de comparer les chiffres des élections de 1902 et de 1906 dans la 2ᵉ circonscription. M. Biré, royaliste, il y a quatre ans, obtenait 8.127 voix et M. Deshayes 10.788. Cette année, M. Guillemet est élu par 10.909 voix contre 8.296 à M. Bazire. Le royalisme de M. Bazire ne lui a donc rapporté que 159 voix de plus qu'à M. Biré.

« M. Bazire a eu toutes les voix libérales qui s'étaient portées sur notre ami. *Les anciens partis ont voté avec ensemble pour le candidat qui ne voulait pas officiellement les connaître.*

Seules, les voix de gauche se sont nettement refusées à contresigner la profession de foi d'un républicain qui se déclarait en même temps ennemi de l'arbitraire et partisan de la liberté religieuse.

« Il nous semble que, dans ces conditions, l'épreuve est faite et décisive.

« Nous ne récriminons pas ; nous nous bornons à enregistrer des chiffres et à constater un fait. »

J'ai eu l'occasion de montrer ailleurs comment l'Action Libérale et l'Association de la Jeunesse Catholique, y inféodée, entendent le *terrain constitutionnel*. Elles voudraient bien qu'on les croie larges d'idées et vraiment libérales, au bon sens du mot. Aussi multiplient-elles, en les variant de ton, suivant les milieux et les gens, leurs appels à tous les concours. Mais ces belles paroles, auxquelles trop de gens se laissent prendre, n'empêchent pas ces associations de n'être au fond que *constitutionnelles*, c'est-à-dire de faire profession de foi républicaine, quoiqu'elles déclarent en même temps bannir la politique ; et, par conséquent, ne les empêchent pas, non plus, de faire une politique intransigeante, une politique de division, mal déguisée sous l'invitation à l'accord universel, et de stériliser les énergies qu'on met à leur service, en leur passant ce bâillon de l'acceptation du régime.

En voici un exemple typique. L'Université catholique de X... est le centre d'un comité régional de la Jeunesse catholique, actif et zélé entre tous. Naguère, on apprit que quatre étudiants, membres de ce comité directeur, avaient donné leur nom à un groupe d'*études* royalistes, et, sans aucune réclame, action ni propagande extérieure, se réunissaient avec d'autres jeunes gens pour des travaux privés. L'émoi fut très vif. On somma lesdits membres d'opter entre leurs fonctions et la suppression de leur groupe d'études, pour cette raison que la Jeunesse Catholique, s'abstenant de toute politique, ne pouvait admettre que ses représentants en fonctions eussent aucune accointance de ce genre.

Ces jeunes gens, par le bon esprit le plus louable, aimèrent mieux dissoudre leur petit groupement que de planter là le Comité. Ce fut à peine si ce parfait exemple de discipline calma l'agitation. De tous côtés il fut question du péril que l'Association avait couru. A Rome même on s'en occupa !

Mais, depuis lors, un autre membre du même Comité, qui est d'ailleurs le sujet le plus méritant, a pu, sans résigner la place qu'il occupe encore près de ses amis royalistes, se présenter aux élections législatives, comme candidat catholique, pensez-vous? que nenni! comme *républicain libéral*.

Mais si vous cherchez dans les professions de foi de ces dignitaires de l'A. C. J. F., inféodés à l'action Libérale, une affirmation positive de leur titre de catholique et l'honneur rendu publiquement au nom de Dieu devant leurs électeurs, dans cette crise suprême où ils bataillent pour Dieu et pour l'Église, vous aurez la même déception qu'en parcourant presque toutes les professions de foi des candidats de cette ligue.

Heureux quand ils n'imitent pas M. Saint-Yves, délégué général de l'Action Libérale dans le midi, et l'un de ses orateurs les plus répandus. Candidat aux dernières élections, ses discours nous le montrent justifiant par les principes de la Révolution la résistance aux inventaires des églises, et légitimant cette insurrection par l'exemple de la prise de la Bastille !

Et qu'il me soit permis, à ce sujet, d'adresser ici l'expression de toute mon admiration à ces paysans de la Haute-Loire pour leur conduite, *parce qu'en agissant comme ils l'ont fait, ils ont mis en pratique les principes de la Révolution*, et parce qu'ils se sont souvenus que lorsqu'une loi est injuste, on a le droit de s'élever contre elle ; que lorsqu'une loi est contraire au droit, ce n'est plus une loi et qu'alors l'insurrection est le plus sacré des devoirs.

N'oublions pas qu'au-dessus de la loi, citoyens, il y a le Droit. Ce n'est pas, remarquez-le bien, un principe réactionnaire que celui-là, *c'est un principe profondément républicain*. Oui, au-dessus de la loi, il y a le Droit, au-dessus de la volonté du Prince, au-dessus de la Loi, il y a la Justice !

C'est avec cette idée directrice que s'est faite la Révolution Française !

Et lorsque vous venez nous dire que *nous avons tort de résister*, je vous réponds qu'on n'a pas fait autre chose en prenant la Bastille. Lorsqu'on a pris la Bastille on a résisté ! On a résisté à la volonté des oppresseurs ; on s'est insurgé contre une loi injuste, et on a fait résistance à un gouvernement d'oppression. Eh bien, en allant prendre la Bastille maçonnique, nous résistons aussi au gouvernement qui nous opprime.

Je vous ai dit que je défendrai toujours avec la

dernière énergie le programme que je viens de vous exposer, je défendrai toujours la Démocratie, la Liberté et la Justice sociale! Si vous me nommez, je continuerai à défendre ces principes, parce que j'estime qu'ils sont précisément les principes d'une société réellement de progrès et d'avant-garde, *et parce que j'estime qu'en agissant ainsi je resterai fidèle aux idées des héros qui ont fait la première Révolution*, fidèle au passé d'idéal sublime que ces grands morts nous ont légué et qu'à mon sens, je vous l'ai dit, quand un parti politique n'a pas d'idéal, c'est un parti politique condamné (1).

En suivant cette politique de division et d'exclusion, mensongèrement couverte du nom d'accord sans distinction de partis, l'Action Libérale est bien l'héritière de ces prétendues directions pontificales dont elle s'offre comme la forme organisée. C'est ce qu'il importe de ne pas perdre de vue, si l'on veut avoir l'intelligence de la situation et de l'état des esprits.

Il suffira d'un seul épisode retracé, pour faire revivre cette époque. Vus ainsi à quelque distance, les événements apparaissent dans leur vrai jour, les faussetés ne se dissimulent plus, la passion n'a plus la voix assez enflée pour couvrir celle de la vérité.

(1) Compte-rendu d'une réunion publique publié par M. Saint-Yves (élections législatives de 1906).

Cet épisode est formé d'une polémique avec l'*Osservatore Romano*. Nous le rapporterons en entier, parce qu'on y retrouvera tout le fond des discussions qui ont rempli l'histoire du Ralliement. La surprise du lecteur sera de voir l'*Osservatore* s'y engager avec une maladresse, une légèreté, une injustice auxquelles on aurait peine à croire, si les documents n'étaient là.

Le point de départ de cette polémique fut la candidature législative de M. l'abbé Gayraud contre le comte de Blois, dans le Finistère, pour la succession au siège de Monseigneur d'Hulst, en 1897. On se souvient des dissensions désastreuses dont elle fut cause. Dans cette terre de Bretagne, jusque-là très unie, cette candidature fit éclater le feu qui couvait depuis que le clergé et les séminaires étaient travaillés par l'esprit des fameuses directions. Elle mit en guerre les presbytères contre les châteaux, provoqua une sorte de soulèvement démocratique dans lequel le jeune clergé se jeta avec passion, et dont les conséquences furent si prolongées, si graves, qu'aujourd'hui encore, l'état de fermentation de ce diocèse n'est pas sans causer de graves soucis à son pasteur.

S'il est un homme dont la vie entière ait été

un modèle de dévouement désintéressé à la cause catholique, c'est bien le comte de Blois, demeuré jusqu'à sa mort récente un de ses chefs les plus éclairés et les plus sages. Tel le montrait sa profession de foi dans l'élection de 1897, quand surgit la candidature de M. l'abbé Gayraud.

On va voir comment l'*Osservatore Romano* entendait lui aussi l'*accord sans distinction de partis* demandé par le Souverain Pontife. Son intervention tendra non seulement à exclure les monarchistes des rangs des candidats, mais encore à les exclure, ni plus ni moins, des rangs des catholiques, et même à leur enlever ce titre.

Voici par où il débute, dans son article du 22 janvier 1897 :

Notre correspondant de Paris nous a informés l'autre jour sur les luttes et divisions qu'a produites, dans le camp catholique et conservateur, la candidature du successeur de Mgr d'Hulst, comme député à la Chambre française pour la troisième circonscription de Brest.

Les catholiques *avant tout* ont acclamé la candidature de l'abbé Gayraud, lui aussi catholique *avant tout*. Les autres soutiennent ardemment celle du Comte de Blois, monarchiste *avant tout*.

C'est avec intérêt, mais avec une très grande peine,

que nous avons suivi cette lutte électorale, qui, de plus en plus, prend le caractère d'une contestation plus religieuse que politique, et d'une controverse plus catholique que monarchique.

Qu'il nous soit permis pourtant d'exprimer l'étonnement et le regret que nous éprouvons à voir qu'il reste encore de bons Français, parmi les catholiques et les monarchistes, qui n'ont pas encore compris ou qui ne veulent pas comprendre que, pour la vraie union de toutes les forces conservatrices, soit religieuses, soit politiques, de la France, on pourrait et on devrait adopter à l'inverse la formule bien connue de la maçonnerie en Italie. qui dit : « La République nous divise, la Monarchie nous unit. »

Dans ces moments suprêmes et dans les conditions sociales où se trouve la France, ne serait-ce pas le de cas renverser cette formule, de façon à ce que les catholiques et les conservateurs français dussent avoir pour maxime : *la monarchie nous divise, la république nous unit ?*

Si nous ne nous trompons, il nous paraît que la vérité de cet énoncé se trouve maintenant démontrée avec une entière, mais douloureuse évidence, dans ce qui arrive pour l'élection Brest.

N'est-elle pas heureuse et jolie, la formule? — La monarchie nous divise, la République nous unit. Comme c'est vrai !

Un second pas va nous porter bien plus loin. Ce n'était pas assez d'avoir avancé, sans l'ombre de raison, que M. de Blois se présentait comme monarchiste avant tout, alors que sa profession de foi, document non secret, était éminemment catholique. Il ne sera plus seulement monarchiste, on va le déclarer *régalien;* et tous les monarchistes avec lui ne seront plus que des *régaliens*. N'était-ce pas tout à fait de saison, pour établir le parfait accord ? Cependant ainsi le propose l'*Osservatore*, qui leur enlève même le titre de catholiques, pour le réserver aux ralliés.

Voici la traduction de ce second article; *la Vérité* du 1er février l'emprunte à *la Croix* :

Comme le télégraphe l'a déjà annoncé hier, l'abbé Gayraud, républicain convaincu, a été élu député dans la 3e circonscription électorale de Brest, qui fut d'abord représentée par Mgr Freppel, évêque d'Angers, puis par Mgr d'Hulst, recteur de l'Université catholique de Paris.

Nos informations particulières ajoutent que la candidature de l'abbé Gayraud a triomphé par plus de 1.300 voix de majorité sur celles données à M. le Comte de Blois, candidat monarchiste, ou, pour mieux dire, régalien. Cette expression nous semble exacte moralement et historiquement. Si, à Brest, comme partout ailleurs, surgissent des réfractaires à la sage, prudente, pratique et opportune politique de Léon XIII, ce n'est que l'esprit de l'antique *régalisme* qui se répand sinistrement sur toute la France, pour combattre et écraser l'esprit du pur catholicisme, lequel, quoi qu'on en dise ou qu'on fasse, est profondément assimilé à l'organisme politique et social de la grande nation de Clovis et de saint Louis.

Aujourd'hui comme jadis, on met au premier rang la monarchie et ensuite l'Eglise, d'abord le Roi et puis le Pape, ressuscitant et maintenant ce néo-paganisme religieux et ce néo-césarisme politique qui, de Philippe le Bel jusqu'à Louis XIV, a travaillé à creuser entre la nation et le roi, entre la France et la monarchie, cet abîme profond qui a conduit l'Eglise aux horreurs de la Révolution et la monarchie à l'échafaud et à l'exil.

C'est ainsi que fut consommée la grande erreur politico-dynastique de nationaliser la monarchie en la déchristianisant dans son essence intime, grâce aux fameux droits régaliens, en commettant ensuite la faute religieuse de nationaliser l'Eglise en France avec les prétendus privilèges de l'Eglise Gallicane.

Ainsi, au plus haut degré du pouvoir politique, et au plus haut degré de la hiérarchie ecclésiastique, l'Eglise et la monarchie devinrent Gallicanes, cessant en fait, en plus grande partie et pratiquement, d'être catholiques l'une et l'autre, entraînant dans leurs funestes et désastreuses aspirations jusqu'au génie si élevé de Bossuet, qui fut le malheureux rédacteur des quatre célèbres propositions gallicanes.

A la logique de l'erreur et à la force de la vérité se joignirent les crimes de la Révolution et les malheurs de la nation, pour déposer en une fosse commune le régalisme et le gallicanisme sur lesquels fut jetée la dernière pelletée de terre quand, par la hardie initiative d'un pieux et savant évêque de France, on en effaça la dernière trace par le rétablissement de l'antique liturgie romaine.

Depuis lors, quoi qu'on dise ou qu'on fasse, l'illustre Eglise de France s'est *refaite* complètement catholique romaine, et l'épiscopat et le clergé, après avoir brisé les désastreuses traditions de Bossuet et de Jansénius, purifiés par le martyre de tant de prêtres, et le sacrifice de tant de victimes, sont revenus au sein maternel de l'Eglise et à l'autorité paternelle du Pape, pendant que les dernières forces du gallicanisme, du régalisme et du voltairianisme (qui fut à la fois l'effet logique et l'application pratique des deux premiers) vont çà et là, en désordre et dans l'agitation, pour ressusciter un cadavre, et pour s'opposer à l'*esprit nouveau* qui se répand incessamment sur la France entière, pour se rapprocher et se réunir au vieil esprit qui descendit du ciel par le baptême et la consécration de Clovis, la sainteté de Louis IX, se raffermit dans le martyr de Louis XVI et des victimes des Carmes au siècle dernier et de la Roquette aux derniers moments de la Commune.

La monarchie française a-t-elle fait vers ses anciennes traditions chrétiennes le retour accompli par l'Eglise de France vers ses traditions catholiques ?

Récemment, celui qui représente aujourd'hui la monarchie française a publié un document contenant une très malheureuse expression, qui révèle qu'on n'a pas encore renoncé au vain effort de ressusciter et de galvaniser le régalisme déjà mort. En cette phrase, nous avons vu que la monarchie française attend encore inconsidérément sa vie d'un cadavre glacé, au lieu de la chercher, de la rétablir et de la fortifier, comme a fait l'Eglise de France, dans la source toujours féconde et vigoureuse de la vraie vie de tous les peuples et de tous les monarques, de toutes les nations et de toutes les monarchies.

Voyez maintenant, avec les faits, ce que peut et vaut le monarchisme régalien contre le catholicisme papal. L'élection de Brest est une grande et profitable leçon pour le vain régalisme qui essaie de relever une tête morte. Ici, un peuple traditionnellement et fortement monarchique a pleinement écouté la voix autorisée du Pape, et a élu pour son représentant un catholique papal, laissant de côté un monarchiste régalien.

C'est ainsi qu'a triomphé le catholique avant tout, bien que républicain ; c'est ainsi qu'a succombé le régalien avant tout, quoique monarchiste.

Il nous semble que même la classification de ceux qui suivent la politique de Léon XIII et de ceux qui lui font obstacle peut et doit changer le nom de ralliés donné aux premiers et le nom de réfractaires appliqué aux seconds.

Avec une plus grande exactitude, on pourrait appeler ceux-là simplement catholiques, et ceux-ci franchement régaliens.

L'Eglise catholique est née en France avec le baptême de Clovis, mais la monarchie française est née de la consécration de ce premier roi chrétien.

En conséquence, la monarchie française a eu la vie par l'Eglise ; donc elle ne peut la recouvrer et la conserver que dans l'*Eglise*, et non pas dans *les Eglises*, comme l'a malheureusement écrit le duc d'Orléans.

Certes, on aurait dû attendre moins de passion d'un journal comme l'*Osservatore*. Cet étrange article produisit sur beaucoup d'esprits un effet déplorable. Des protestations s'élevèrent, qui ne laissaient pas le beau rôle au journal romain. Nous en citerons deux, à cause de la réplique que l'*Osservatore* jugea opportun d'y opposer.

La première est une lettre signée : *un prêtre royaliste*.

Monsieur le Directeur,

Je viens de lire dans le journal *la Croix*, du 29 janvier, un article de l'*Osservatore Romano*, appréciant l'élection de Brest. J'en ai été douloureusement impressionné, et, avec moi, tous les catholiques royalistes ressentiront à la lecture de ce document une vive et profonde émotion.

Est-il permis, en effet, de se méprendre à ce point sur les intentions si pures, si franches, si loyales de ceux qui, catholiques avant tout, inébranlables dans leur foi religieuse, mais en même temps restés fidèles à leur foi politique, estiment que la monarchie très chrétienne est pour la France la meilleure forme de gouvernement, et qu'à l'heure d'une révolution, renversant l'ordre de choses établi et emportant avec elle la constitution provisoire donnée à la France en 1875, les intérêts suprêmes de l'Eglise et du pays commanderaient aux catholiques et à tous les honnêtes gens le ralliement au principe tutélaire et stable de la royauté qui, avec l'aide de Dieu et de l'Eglise, à fait la France et peut encore la refaire par les mêmes moyens.

Pour discréditer ceux qui ont conservé intact le dépôt sacré des traditions du passé on leur inflige les épithètes de *réfractaires et de régaliens.* Pour ma part, je compte beaucoup d'amis parmi les royalistes, je connais l'esprit qui anime les sommités du parti royaliste, et je dois avouer que je ne connais aucun partisan de la royauté qui songe à faire renaître l'erreur du gallicanisme, et à demander le rétablissement du droit régalien. L'insinuation de l'*Osservatore Romano* est toute gratuite et ne repose sur aucun fondement. Elle frise même la calomnie. *L'Esprit nouveau qui se répand incessamment sur la France pour se rapprocher et s'unir au vieil esprit* qui descendit du Ciel par le baptême et la consécration de Clovis, la sainteté de Louis IX, et se raffermit dans le martyre de Louis XVI, n'est-ce pas, n'en déplaise à l'*Osservatore Romano,* l'esprit même de la monarchie française moderne, *marchant vers ses anciennes traditions chrétiennes* avec Henri V, le fils bien-aimé de Pie IX, et le Comte de Paris, Philippe VII, mort saintement en exil. Et le congrès royaliste de Reims a éminemment prouvé que l'héritier de nos rois voulait renouer la chaîne des traditions de la France monarchique chrétienne, puisque c'est sous son inspiration où tout au moins avec son approbation qu'il s'est réuni.

Le prétexte de cette longue diatribe contre la monarchie régalienne, que la monarchie moderne ne songe nullement à *ressusciter*, est le mot malheureux *des Eglises* dans une lettre récente du duc d'Orléans, qui est encore présente à la mémoire de tous.

Evidemment, pour tous ceux qui connaissent le duc d'Orléans, le prince n'avait écrit *des Eglises* que sous la préoccupation du principe de droit public moderne qui reconnaît la liberté des cultes. De là à lui imposer la pensée de refaire la monarchie française avec les enseignements des Eglises, c'est-à-dire puisant également aux sources de la vérité et de l'erreur, c'est tout simplement, qu'on m'en passe l'expression, une insanité, pour ne rien dire de plus.

Mais au mot de *réfractaire* dont on veut bien nous qualifier, mon esprit et mon cœur tressaillent d'étonnement. Non, nous ne sommes pas des réfractaires, pas plus que ne l'étaient Mgr Freppel et Mgr d'Hulst, et que ne l'est aujourd'hui Mgr de Cabrières.

Fils soumis de la Sainte Eglise, nous avons toujours entendu avec une véritable piété filiale la parole de notre Chef auguste, le vicaire de Jésus-Christ, de notre glorieux et saint Pontife, qui, comme un phare lumineux, placé sur le rocher de Pierre, éclaire l'Eglise et le monde. Respectueux de son autorité divine, à laquelle nous nous attachons avec amour, nous acceptons ses enseignements, et nous avons la volonté de les suivre. Point d'exception. Nous avons reçu l'Encyclique Au Peuple Français, et après l'avoir lue attentivement et longuement méditée, nous nous sommes dit : Que nous demande Léon XIII ? Dans l'intérêt du bien commun, pour la paix et la concorde entre les citoyens, pour éviter les difficultés entre le Chef de l'Eglise et l'Etat français, Sa Sainteté nous demande d'accepter comme un fait le régime de gouvernement imposé à la France, de ne rien faire pour renverser ce régime, de ne pas conspirer en un mot pour rétablir le gouvernement que nous appelons de tous nos vœux.

La doctrine de la soumission aux pouvoirs établis a été de tout temps celle de l'Eglise, et aucun catholique royaliste ne peut se dérober au devoir de la suivre.

Les royalistes n'ont jamais été et ne seront jamais des fauteurs de révolutions. Catholiques, ils se soumettent, dans les limites que permet la conscience, au pouvoir, quel qu'il soit : franc-maçon, juif, sectaire, impie, persécuteur. *Obedite præpositis vestris.*

Ils ne travaillent pas à une révolution qui pourrait leur ramener le roi, quoi qu'en dise l'abbé Gayraud, parce qu'ils savent que la révolution entraîne la ruine de bien des familles et ouvre pour la société l'ère des calamités publiques.

Que veulent-ils et que font-ils donc ? Eh bien, ils se réunissent et forment des groupements pour étudier les questions politiques et sociales, et préparer par ces études une solution au grand problème que fatalement, dans un avenir plus ou moins éloigné, le socialisme et l'anarchie poseront à la lumière des incendies sur les ruines d'une société tombée dans le chaos et le désordre.

Et ce droit de préparer une solution en faisant connaître les bienfaits de la royauté dans le passé, et ce quelle sera dans l'avenir, ils l'exercent sans contredire aux volontés du Chef suprême de l'Eglise.

En effet, la constitution républicaine de la France, étant essentiellement révisable, ce n'est pas aller contre la constitution elle-même que d'en étudier les défauts dont le plus grave est de ne pas tenir compte des Droits de Dieu, et même puisqu'elle n'est pas définitive, de faire ressortir les avantages d'une autre constitution pour relever la prospérité et la grandeur morale de la France, ramener la paix et le bonheur au sein des classes ouvrières, et assurer à l'Eglise la liberté de son action, si nécessaire à la vie chrétienne de la nation.

Nous sommes ennemis du droit régalien, mais, même sous l'ancien régime, quoi qu'en dise l'*Osservatore Romano*, l'influence bienfaitrice de l'Eglise s'exerçait dans toutes les classes de la société bien plus librement qu'aujourd'hui. Sous notre République, qui ne s'inspire que des doctrines de la franc-maçonnerie et exécute ses ordres, l'Eglise de France est sans cesse combattue par les pouvoirs publics et leur armée de fonctionnaires hiérarchisés. Nos évêques, nos curés et nos prêtres craignent à chaque instant, dans l'exercice de leur ministère, de se heurter à quelque autorité ombrageuse et impie.

Nous déplorons pour notre vieille Eglise de France les inconvénients et les abus du droit régalien; mais que sont-ils en comparaison des maux effroyables que le gouvernement républicain, sous l'empire des doctrines révolutionnaires et antireligieuses, a causés aux populations catholiques de notre pays par ses abominables lois scolaire et militaire, foulant aux pieds les droits sacrés des pères de famille, méprisant la liberté des consciences, pervertissant les jeunes âmes, en vue de déchristianiser la France, et d'autre part portant atteinte à la constitution même de l'Eglise qui proclame l'immunité ecclésiastique de ses ministres et défend d'arracher du sanctuaire les jeunes lévites consacrés au Seigneur! Le droit régalien n'accordait pas assez de liberté à l'Eglise de France dans ses rapports avec son Chef suprême, le Vicaire de Jésus-Christ, et l'autorité royale abusait de son pouvoir dans la distribution des charges ecclésiastiques, ceci est incontestable et personne ne songe à le nier : mais du moins cette monarchie tant décriée savait respecter, selon la constitution de l'Eglise, les droits et privilèges de ses clercs et de ses ministres, protéger la liberté de conscience des catholiques, assurer l'éducation chrétienne de l'enfance, et par ses ordonnances royales sur le mariage, toujours en concordance avec la législation de l'Eglise, dont elles s'inspiraient, maintenir et défendre le principe de l'indissolubilité des unions conjugales, qui rend la famille forte et unie, et concourt, par conséquent, au bien général de la Société.

Et, même à l'époque néfaste où le voltairianisme (qui, pour le dire en passant, ne descend pas en ligne directe du gallicanisme et du régalisme) hantait tous les grands esprits, la royauté a toujours reconnu à l'Eglise le droit de s'administrer elle-même dans l'ordre temporel et conservé à ceux qui se sacrifient pour Dieu dans le cloître la fortune des pauvres que leur avait léguée la charité des siècles.

Et aujourd'hui que voyons-nous ?...

Je m'arrête, n'ayant pas la prétention d'éclairer notre contradicteur, qui semble plutôt inspiré par les préjugés d'une certaine école que par l'amour de la vérité.

Quoi qu'il en soit, nous lui dirons, en terminant, que les catholiques royalistes estiment que le rôle de l'Eglise est de planer au-dessus de tous les partis et de ne s'inféoder à aucun d'eux; que pour eux ils revendiquent le droit de se faire ouvrir la porte des Chambres élues par le peuple et d'y défendre, comme catholiques et quoique royalistes, les intérêts de la religion et de la société. En définitive, le rôle et la mission de nos représentants se trouvent pour le moment circonscrits dans leurs attributions législatives. Nos députés catholiques royalistes peuvent concourir au bien commun aussi utilement que les catholiques républicains, travaillant les uns comme les autres à confectionner de bonnes lois et à faire rapporter, selon le désir exprimé par Sa Sainteté Léon XIII, les lois mauvaises qui ruinent moralement la France.

Les électeurs de Brest comme les catholiques des autres régions, peuvent donc, si l'*Osservatore Romano* le permet, adopter cette classification, qui sera la vraie : républicains et royalistes, toujours unis sur le terrain de la défense religieuse et sociale.

Un prêtre royaliste (1).

Voici une autre protestation dont l'auteur signe : *Un religieux catholique avant tout.*

Monsieur le Directeur,

Tant qu'il sera permis de réciter l'*Adveniat regnum tuum* du *Pater,* on ne nous interdira pas, sans doute, de garder fidèlement, au fond de l'âme, ce grand idéal de l'ordre social chrétien et de la royauté publique de Notre Seigneur Jésus-Christ, qui trouve ici-bas sa plus belle expression dans la vieille monarchie française, depuis Clovis jusqu'à Louis XIV, en passant par Charlemagne et saint Louis. Qu'avec cela l'*Osservatore Romano* s'élève contre le régalisme, soit ecclésiastique, soit parlementaire, rien de plus juste.

A partir de Philippe le Bel, nous le savons tous, les doctrines césariennes des légistes hantèrent malheureusement trop souvent les conseils de la royauté très chrétienne ; et s'il est excessif de dire, comme le fait le journal romain, que la monarchie française fut dès lors pervertie « dans son essense intime », il n'est que trop vrai qu'elle reçut une atteinte fâcheuse, et que la droite notion du pouvoir royal fut sensiblement altérée. Aussi *la Vérité* n'a pas attendu l'*Osservatore Romano* pour improuver la phrase regretta-

---

(1) *La Vérité,* 3 février 1897.

ble échappée naguère à Monsieur le duc d'Orléans. Vos respectueuses remontrances, monsieur le directeur, ont certainement traduit le sentiment général des meilleurs amis du prince, et de nous tous, catholiques avant tout.

Qu'on cesse donc de s'en prendre à des fantômes sans réalité aucune et de nous dire que « l'esprit de l'antique régalisme se répand sinistrement sur toute la France pour combattre et écraser l'esprit du pur catholicisme ». Le danger à cette heure n'est pas là précisément. Il semble qu'en face des fils les plus dévoués de l'Eglise et du Pontificat, d'une part, et, de l'autre, de sectaires acharnés à tout détruire, il y ait autre chose à faire qu'à crier sur tous les tons, en désignant les premiers : Le royalisme païen et césarien, voilà l'ennemi !

Mais enfin, si nous devons condamner énergiquement, dans le passé, des tendances funestes ; si nous y reconnaissons une des causes qui ont amené la chute de la monarchie, malgré ses traditions chrétiennes, la foi et la piété de ses princes, l'*Osservatore Romano* voudrait-il bien nous dire quelle confiance nous pouvons avoir dans un régime qui, de l'aveu des vrais républicains de race, est, en France, la forme même de l'antichristianisme social, l'expression du césarisme révolutionnaire, le pire de tous, la personnification de l'Etat sans Dieu ?

Obéir aux pouvoirs établis, en tout ce qui n'est pas contraire à la loi divine et aux droits de l'Eglise, conformément au précepte de l'Apôtre et à la pratique des chrétiens de tous les temps et de tous les pays, c'est une autre question. Les catholiques attachés au glorieux passé de la France chrétienne ont conscience de n'avoir rien à se reprocher sur ce point. Depuis les champs de bataille de 1870 jusqu'à ces dernières années, ils avaient su remplir leurs devoirs de citoyens, avec quelque abnégation, ce semble, ne réclamant des maîtres du jour que la liberté de se dévouer aux plus chers intérêts du pays. Que si, dans sa haute sagesse et sa paternelle sollicitude, notre grand Pontife Léon XIII a exigé, de ses enfants de France, une attitude plus explicite à l'égard du gouvernement de fait, les catholiques avant tout n'ont point marchandé leur obéissance. Ils savent aussi bien que personne jusqu'où va le pouvoir indirect du successeur de Grégoire VII, d'Innocent III et de Sixte-Quint.

Mais en leur mandant, au nom des suprêmes intérêts de la religion et de la patrie, de s'abstenir, dans les circonstances, de toute revendication monarchique, même légale ; en les invitant à se placer résolument, sans arrière-pensée d'opposition systématique, sur le terrain des institutions existantes, l'acte pontifical, qui inaugurait en France un nouveau plan de combat contre les menées à la fois antisociales et antichrétiennes des sectes, n'interdisait ni les regrets du passé, ni les espérances de l'avenir. Le Saint-Père ne canonisait nullement la République, soit en elle-même, comme supérieure aux autres formes politiques, soit en tant qu'à l'origine son établissement avait pu préjudicier aux droits d'un tiers ; il laissait à chacun l'entière liberté de ses convictions intimes à ce sujet. Encore moins le Pape entendait-il recommander la législation édictée sous le couvert du régime républicain depuis quinze ans. Bien au contraire, le but du Pontife était d'unir, sans distinction de partis, tous les éléments de religion et d'honnêteté que renferme encore la France, pour combattre la tyrannie maçonnique et faire tomber la législation des loges.

Hélas! ces directions si sages, marquées au triple sceau de l'autorité, du génie et de l'amour, n'ont point obtenu le résultat espéré. Au lieu de l'union voulue, *Socias in unum cogite vires*, la division est partout, plus que jamais; et, avec elle, l'impuissance et le découragement. Or, à qui la faute, sinon aux ambitieuses complaisances, ou au zèle outré de ceux qui, dès le premier jour, ont forcé le sens de la parole pontificale, nous ont donné des commentaires inacceptables, ont fait, d'un instrument de concorde, une machine de guerre à jeu continu contre tous les catholiques réfractaires à leur indifférentisme politique?

Aussi bien, sur le terrain de la résistance pratique aux lois impies, formellement recommandée dans l'Encyclique, n'a-t-on pas vu de regrettables défaillances favorisées et encouragées? Et maintenant, croit-on que ce qui vient de se passer à Brest soit encore pour avancer l'œuvre de concentration des forces catholiques, si chère à Léon XIII? Pleinement soumis aux volontés de Rome quant à l'acceptation du pouvoir établi, l'éminent évêque de Montpellier conservait théoriquement ses convictions et ses sentiments personnels, ni plus ni moins que Mgr Freppel et Mgr d'Hulst; le Saint-Père a reconnu ce droit à tous et à chacun. Pourtant ça été assez pour que, en dépit de la bienveillance spéciale dont le Pape honore le vénéré prélat, on lui barre le chemin et on lui préfère la retentissante candidature que chacun sait!

De ce déplorable état de choses, caractérisé déjà plusieurs fois chez vous, ces jours-ci, monsieur le directeur, il ressort, on ne saurait trop le dire, que le réquisitoire de l'*Osservatore Romano* ne répond en rien à la réalité des faits ; les royalistes, catholiques avant tout, ne méritent aucunement d'être qualifiés de régaliens ou de rebelles ; les responsabilités encourues jusqu'ici, dans le peu de succès de magnanimes efforts, ne sont pas de leur côté; et si on a desservi par de fâcheuses exagérations les vues et les plans du Souverain Pontife, ce n'est pas à eux qu'on doit jeter la pierre.

Prions Dieu de nous rendre l'unité d'action, dans la vérité et dans la charité.

Mettant de côté ce qui divise, comme le désire notre chef suprême, travaillons tous ensemble, à notre rang, au salut de la France chrétienne (1).

Réplique de l'*Osservatore*, avec ce titre : *Une parole amie.*

Nous trouvons dans *la Vérité* de Paris une lettre intitulée : A l'*Osservatore Romano* et signée : *Un religieux, catholique avant tout.*

La Vérité commence par dire que « l'*étrange*

(1) *La Vérité*, 29 février 1897.

article publié naguère par l'*Osservatore Romano* a produit une vive et fâcheuse impression ».

Qu'il ait produit une vive impression, nous l'avons constaté nous-mêmes d'après les nombreuses lettres qui, depuis, et au sujet de cet article, nous ont été aimablement adressées.

Mais la forme courtoise avec laquelle toutes, sans exception, étaient écrites et l'exposition calme des objections et des observations qu'elles contenaient, depuis la première jusqu'à la dernière, ne nous avaient pas fait voir que cette impression eût été des plus *fâcheuses,* comme l'écrit le religieux ci-dessus loué.

Et ce qui nous confirme dans notre appréciation, c'est la lettre même du dit religieux publiée dans *la Vérité*, car, bien qu'il puisse sembler vouloir montrer son dissentiment sur les faits exposés et les idées exprimées par l'*Osservatore Romano* sur le grave et très important sujet de la cordiale adhésion de tous les catholiques et de tous les hommes d'ordre de France, à ce qu'on a coutume d'appeler la *politique de Léon XIII*, l'excellent auteur de la lettre est pleinement d'accord avec nous pour admettre l'exactitude historique des faits et, substantiellement, il ne se sépare pas de nous quand il interprète le juste sens et la portée effective des instructions pontificales sur ce sujet.

En effet, le religieux reconnaît que, « à partir de Philippe le Bel, les doctrines césariennes des légistes hantèrent malheureusement trop souvent les conseils de la royauté très chrétienne ». Par suite, il admet que « la droite notion du pouvoir fut sensiblement altérée ». Il déplore enfin, lui aussi, *la phrase regrettable échappée naguère à Monsieur le duc d'Orléans*.

Tout cela a été dit par l'*Osservatore Romano*, et, par conséquent, nous devons nous étonner quelque peu de voir que le religieux, ayant admis ces prémisses, en vienne à conclure : « Qu'on cesse donc de s'en prendre à des fantômes sans réalité », comme l'a fait l'*Osservatore Romano*, lequel a noté que « l'esprit du vieux régalisme plane sinistrement sur la France pour combattre et comprimer l'esprit du pur catholicisme ».

Le respectable religieux a pourtant qualifié de *regrettable* la phrase du duc d'Orléans qui, au lieu de l'*Eglise*, parle *des Eglises*, et lui-même, l'auteur de la lettre, il ajoute que cette phrase a échappé *naguère* au même duc d'Orléans. Or, il nous semble que cet esprit, éminemment régaliste, n'est pas un *fantôme sans réalité*, ni un simple souvenir historique, mais un fait récent et contemporain. Il a reparu récemment dans un document authentique, et par le fait de ce prince, qui représente aujourd'hui le droit historique et le programme politique de la monarchie et du parti monarchique en France.

Il nous semble pourtant qu'en ce qui concerne l'action catholique et nationale en France il n'est pas du tout inutile et vain d'indiquer que le *régalisme païen et césarien* est un péril grave et menaçant lequel, s'il continue à se déployer avec cette violence rancunière qu'il a manifestée pour combattre et contredire *la politique de Léon XIII*, peut très bien et très justement nous donner le droit de crier à son adresse : « *Voilà l'ennemi.* »

L'excellent religieux qui aime à se qualifier *catholique avant tout* comprendra donc très facilement *que les doctrines césariennes des légistes* ont fait perdre *la juste notion du pouvoir royal*, précisément parce qu'elles ont perdu le juste concept de la royauté publique de Notre Seigneur Jésus-Christ que le religieux appelle si droitement et opportunément *le grand idéal de l'ordre social chrétien.*

Or, c'est ce *grand idéal* dont s'inspire Léon XIII, lorsqu'il appelle tous les Français croyants et sensés à rétablir, dans la France de Clovis et de saint Louis, *la royauté publique de Notre Seigneur Jésus-Christ.*

Le Pontife Romain est seul vicaire et représentant de Jésus-Christ sur la terre ; par conséquent, le Pape, avant et au-dessus de tous, sait, voit, comprend et juge ce qui peut être plus efficace et plus opportun pour rétablir dans le monde et dans les nations cette *royauté publique de Jésus-Christ* qui est *le grand idéal de l'ordre social chrétien.*

Donc, en substance, le Pontife glorieusement régnant dit aux catholiques français : « Occupez-vous maintenant de restaurer la royauté de Jésus-Christ, pour restaurer l'ordre social chrétien ; occupez-vous-en légalement, par les institutions et avec les institutions existantes, et occupez-vous-en pratiquement en dehors et au-dessus de tout parti politique. »

Mais le religieux dont nous nous occupons se retourne vers nous et nous fait cette question : « l'Os-

servatore Romano voudrait-il bien nous dire quelle confiance nous pouvons avoir dans un régime qui, de l'aveu des vrais républicains de race, est, en France, la forme même de l'autre christianisme social, l'expression du césarisme révolutionnaire, le pire de tous, la personnification de l'Etat sans Dieu !

Nous demandons bien pardon à l'excellent religieux ; mais nous sommes si loin de dire qu'on doit accepter un régime comme celui qui est maintenant réalisé dans la pratique de partis et d'hommes très dangereux, qu'au contraire nous disons que l'on doit chercher tout moyen licite, légal et opportun, et réunir toutes les forces de la foi et de l'ordre pour substituer à ce régime présentement anti-chrétien la fécondité d'un régime chrétien. Mais n'est-ce point pour rendre la législation chrétienne et, par elle et avec elle, rendre chrétiens le gouvernement et le peuple, que le Saint-Père Léon XIII enseigne les catholiques français et les excite à rétablir *la royauté sociale de Jésus-Christ* en tout et pour tous.

Si le régime actuel avait été pratiquement et effectivement chrétien, qu'eût-il été besoin de rassembler en un faisceau fort et fécond toutes les forces chrétiennes et conservatrices de la France !

Mais, par grâce, qu'on ne change pas les choses, car, à l'heure actuelle, ce qui est essentiel et urgent pour la France, ce n'est pas de rappeler la *forme monarchique*, mais bien la *substance chrétienne*, dans les individus, dans les familles, dans le gouvernement, dans les lois, et dans les institutions.

Sur ce point, tous les hommes de foi et d'ordre doivent être complètement d'accord.

Et alors que signifie, et que faut-il conclure si, comme l'observe le religieux, la politique de Léon XIII a produit une profonde fissure, au lieu de cette union des forces catholiques et conservatrices qu'elle devait ou aurait dû produire? La réponse à cette question a été faite depuis longtemps; elle remonte presque à dix-neuf siècles quand Jésus-Christ (dont Léon XIII est le vicaire sur la terre) est venu prêcher sa doctrine.

Cette doctrine suscita dans le monde une bien autre division que celle qui peut avoir été produite en France par ce qu'on appelle « La politique de Léon XIII ». Par cette doctrine, non seulement les citoyens se trouvèrent ameutés contre les citoyens, mais les fils se séparèrent de leurs pères, les épouses de leurs maris, les sœurs s'éloignèrent de leurs frères, pour suivre Jésus-Christ. Est-ce que, par hasard, Jésus-Christ, dans la prévision de ces conséquences, n'a pas enseigné sa doctrine? Ou l'a-t-il retirée et changée après en avoir vu les conséquences?

Mais, aujourd'hui, l'on voit comment et combien la plus cordiale et fraternelle union est née dans ce même monde, où dominait la plus désastreuse inimitié générale, produite par l'erreur et le mal.

Aujourd'hui tant et tant de millions de croyants répandus sur toute la surface du globe terrestre forment une seule famille, comme si elle était composée de quelques individus seulement.

Notre excellent religieux croit-il donc que les récalcitrants aux sages, paternels, prudents et autorisés avis de l'auguste Léon XIII n'auraient pas dû et pu les accepter, et qu'ils puissent ou doivent persister dans leur opposition, ou qu'ils puissent empêcher la réalisation finale de cette grande œuvre de pacification religieuse, de restauration chrétienne, de concorde civique, de prospérité nationale, dans la fille préférée de l'Eglise et dans la première nation du monde.

Toute œuvre de Dieu marche au milieu des contradictions; elles sont le signe le plus évident que Dieu l'inspire, la conduit et la veut. Laissons donc au temps — et il ne tardera guère, si l'on en juge par de consolants symptômes — d'obtenir que la France chrétienne soit refaite politiquement et socialement, en suivant avant tout la voie royale et majestueuse que lui a montrée et tracée l'immortel Pontife qui siège aujourd'hui sur la chaire infaillible de Pierre (1).

Le « religieux catholique avant tout » estima justement qu'on ne pouvait laisser passer comme légitimes les semonces que l'*Osservatore*, même d'un ton radouci, distribuait avec si peu de discernement, et, peu de jours après, lui fit cette réponse :

Monsieur le Directeur,
Si vous permettez, je reprendrai l'entretien au point même où vous vous êtes arrêté, dans les très justes

(1) *La Vérité*, 3 mars 1897.

réflexions dont vous avez fait suivre « la parole amie » de l'*Osservatore Romano*.

Mais ce ne sera pas sans louer d'abord, moi aussi, ce qui doit être loué. Le titre seul, et non moins le ton de l'article donnent, en effet, a espérer que, toute passion mise de côté, on finirait bien par s'entendre. Pour mon humble part, je remercie sincèrement l'honorable auteur de sa précieuse bienveillance.

« Notre religieux, écrit donc le distingué journaliste romain, croit-il que les récalcitrants aux sages, paternels, prudents et autorisés avis de l'auguste Léon XIII, n'auraient pas dû et pu les accepter, et qu'ils puissent ou doivent persister dans leur opposition, ou qu'ils puissent empêcher la réalisation finale de cette grande œuvre de pacification religieuse, de restauration chrétienne, de concorde civique, de prospérité nationale dans la fille préférée de l'Eglise et dans la première nation du monde? ».

Je réponds comme vous, monsieur le directeur, et je dis : Fort bien! les récalcitrants auraient dû et pu accepter les sages, paternels, prudents et autorisés avis de Sa Sainteté; ils ont tort de persister dans leur opposition..... Seulement, on peut contrevenir aux instructions du Pape de deux manières; *per defectum et per excessum*, ainsi qu'on dit en morale : et n'y aurait-il pas à se demander si, dans la question qui nous occupe, les excessifs, avec leur zèle intempérant, n'empêchent pas, beaucoup plus que les autres, la réalisation de la grande œuvre de pacification religieuse, de restauration chrétienne, de concorde civique, entreprise en France par notre bien-aimé Père et Pontife l'auguste Léon XIII?

Certains voient des réfractaires partout, et agissent en conséquence à l'égard de ceux qu'ils gratifient de cette épithète. Pourtant il serait bon de savoir si c'est à raison ou à tort que l'on qualifie ainsi des amis et des frères. Si c'est à tort, il est bien évident que l'on va contre les intentions pacificatrices du Saint-Père, et que l'on cause un grave préjudice à la cause de Dieu, de l'Eglise et de la France chrétienne. Car enfin, pour restaurer la royauté de Jésus-Christ, pour rétablir l'ordre social chrétien, en se servant des institutions actuelles, comme le voudrait l'*Osservatore Romano*, il ne faudrait pas d'abord écarter, par de déplorables exagérations, les meilleurs ouvriers de ce grand travail, auquel évidemment les néo-républicains ne sauraient suffire. Quant aux vieux républicains de la veille, ils paraissent peu disposés jusqu'ici à s'y prêter.

Or, nous tenons qu'au vrai sens des choses la plupart de ceux que l'on dénonce comme réfractaires ne méritent pas cette note et sont au contraire parfaitement en règle avec les directions pontificales.

Procédons par ordre :

Au premier abord du sujet, il y a ce fait, que nombre de catholiques, et des meilleurs, gardent, en tant que citoyens, des idées et des aspirations monarchiques.

Le Pape leur reconnaît formellement ce droit. D'ailleurs, rien en cela qui sorte de la ligne des opinions honnêtes, autorisées maintes fois pour tous et chacun par le Saint-Siège. Aussi, les plus bouillants *zelanti* du néo-républicanisme reconnaissent-ils que, sur ce point, on ne saurait inquiéter personne.

Jusqu'ici donc, pas trace de réfractaires.

Oui, mais vos amis, dit-on, ne se contentent pas de garder leurs convictions *in petto*. Ils les déclarent, ils les propagent par la parole et par la plume, ils ont des journaux, ils tiennent des conférences, ils se réunissent dans des banquets, ils sont liés entre eux par une organisation, ils forment en un mot un *parti politique*. N'est-ce pas là être réfractaire au premier chef? Pas le moins du monde. Jamais le Pape n'a entendu frapper les royalistes d'incapacité civile, ni leur demander de sacrifier leurs droits primordiaux de citoyens. Par le fait même que le Saint-Père nous invite à nous unir sans distinction de partis, il admet l'existence de partis différents; et l'on ne saurait croire qu'il ait voulu excepter le parti royaliste, le mettre seul hors la loi.

Seulement, au-dessus des partis et des solutions éventuelles que chacun d'eux peut s'efforcer de préparer dans l'opinion, comme plus aptes à assurer le bien du pays, il y a l'urgence immédiate de défendre la religion et la société contre de sataniques efforts. Ici, point de divergences possibles.

Quærite primum regnum Dei. Salus populi suprema lex! nous dit donc le Pape. Pour tenir tête aux assauts de l'antichristianisme révolutionnaire, tous, tant que vous êtes, catholiques et honnêtes gens, mettez de côté ce qui vous divise, et groupez-vous sur le seul terrain commun où vous puissiez politiquement vous rencontrer, puisqu'il s'impose également à tous : le terrain constitutionnel des institutions *existantes*.

On ne vous demande pas d'*adhérer* à la République ; ce serait une contradiction et un mensonge, du moment que vous avez le double droit de garder vos convictions et vos espérances monarchiques, et de travailler à les répandre parmi vos concitoyens. Mais le gouvernement actuel étant en paisible possession et fonctionnant régulièrement, *acceptez-le*, comme celui de juillet et le second Empire ; acceptez-le sans arrière-pensée d'opposition systématique. Renoncez même, présentement, à toute revendication monarchique, qui, pour si légale qu'elle fût, serait parfaitement inutile et inopportune, *hic et nunc, dans les circonstances actuelles;* au reste, rappelez-vous que Dieu conduit tout, et que l'heure est à lui.

S'il faut traduire dans la pratique, que suit-il de là, en plus de l'invitation à s'unir sur le terrain constitutionnel pour la défense des suprêmes intérêts de la religion et de la patrie ? Il suit que, sans déserter son drapeau, chacun devrait s'abstenir d'incriminer les préférences politiques du voisin, et de soulever à ce sujet des discussions passionnées; il suit qu'en matières électorales on écartera toute compétition soit de personne, soit de parti, c'est-à-dire, pour préciser, qu'on se ralliera au candidat, ami de la justice, et de la liberté chrétienne, qui aura le plus de succès, qu'il soit républicain, royaliste, impérialiste ou « n'importequiste ».

Or, les catholiques dont nous parlons ont-ils manqué, — non pas à ces ordres, puisqu'il n'y a pas eu d'ordres, paraît-il — mais à ces conseils très sages du Saint-Père? (Nous croyons n'en avoir pas diminué la portée; peut-être même pourrait-on nous reprocher d'en montrer la rigueur.) Députés ou sénateurs ont-ils, dans les choses justes, refusé leur concours au gouvernement de fait? Les a-t-on vus pratiquer de parti pris l'obstruction parlementaire, se réjouir des embarras de la République, susciter des crises ministérielles? N'ont-ils pas, au contraire, coopéré à la prompte élection du président actuel, et à celle de son prédécesseur? Simples électeurs, ont-ils refusé leurs votes, à Montpellier et à Bordeaux, à des adversaires politiques, mais qui s'étaient engagés à respecter la liberté religieuse! Ces derniers jours enfin tous les échos de la presse ne nous ont-ils pas apporté le vibrant appel à l'union d'un royaliste des plus éminents, saluant la candidature d'un républicain catholique, au pays même où régnaient ses ancêtres, les dauphins du Viennois?

Conséquemment, ni *la Vérité*, ni le religieux à qui vous avez bien voulu accorder la parole, monsieur le directeur, n'ont à aller prêcher la soumission et l'obéissance auprès des catholiques que semble désigner l'*Osservatore Romano*. Les récalcitrants ne sont pas là. Nous prêcherions des convertis, n'est-ce pas, et qui nous répondraient, non sans raison : « Ce n'est pas nous qui troublons Israël... »

Par contre, le grave et très méritant journal de Rome pourrait, peut-être, s'employer à modérer un peu les intransigeances et les ardeurs des « jeunes-républicains-démocrates-catholiques ». Montés comme ils sont, quelques bons conseils présentés avec toute la sagesse romaine ne seraient pas de trop pour les ramener au juste sentiment des inconvénients de leur attitude. Les élections législatives de 1898 approchent. Que nos fervents néophytes continuent la politique électorale récemment mise en œuvre à Brest, et précisément, il y a quelques années, à Mirande, dans le Gers, et nous courrons à un désastre. Les plus vaillants champions catholiques resteront sur le terrain ; le peuple chrétien de France, de plus en plus divisé, sera entièrement à la merci des sectaires.

Dans sa lettre à Mgr de Grenoble, le Saint-Père ne nous avait-il pas recommandé de tendre la main à à tous « *les honnêtes gens* » qui voudraient concourir avec nous à la défense de la religion et de la Société? Comment expliquer, dès lors, qu'il ait fallu écarter, ici, l'illustre evêque de Montpellier, parce que royaliste, et là un homme de grand talent, à cause de ses colères trop justifiées contre les entreprises anti-chrétiennes du régime actuel? Par ailleurs, l'*Osservatore Romano* voudra bien me pardonner si je persiste à croire que, pour aussi désastreuse qu'ait été leur influence, les légistes ne réussirent pas, quand même, à déchristianiser absolument la royauté française. Encore une fois, les doctrines césariennes sur la pleine indépendance des couronnes vis-à-vis de l'Eglise trouvèrent un puissant correctif dans les traditions chrétiennes de la monarchie, aussi bien que dans la foi et la piété de ses princes. En pratique, on pouvait se rassurer quelque peu, lorsqu'on voyait les affaires ecclésiastiques de France remises aux mains d'un conseil de conscience dirigé par saint Vincent de Paul; ou que l'on entendait Louis XIV lui-même, en 1682, s'indigner contre les prélats trop dociles que le grand évêque de Meaux arrêtait à peine sur la pente d'une rupture ouverte. « Il n'a pas tenu à ces messieurs que je ne prenne le turban », disait le prince, et il se hâtait de congédier la courtisanesque assemblée.

La droite notion du pouvoir fut sensiblement altérée, sans doute. Depuis François Ier, les actes royaux se terminent par la formule sacramentelle : *Car tel est notre bon plaisir.* Le roi se donne comme l'incarnation de l'Etat; et l'Etat, conformément à la vieille théorie de la cité antique, est un pouvoir sans limites, qui tend à tout absorber, à se substituer au libre jeu des différents organismes sociaux. De représentative et de tempérée qu'elle était, la royauté devint autocratique. Mais ce qu'il faut dire aussi, c'est que ce pouvoir absolu, nos rois, du moins, le considéraient *chrétiennement* comme un service public, et n'entendaient point en faire un usage égoïste. Henri IV marchait sur les traces de Louis XII, le Père du peuple, lorsqu'il voulait que « chaque paysan de France pût mettre, le dimanche, la poule au pot ». « Vive Dieu, s'écriait-il encore, s'en prendre à mon peuple, c'est s'en prendre à moi. »

Louis XIV n'avait point une autre idée de ce qu'il appelait énergiquement *le métier de roi.* A raison de la défectueuse perception des impôts, ses guerres continuelles pesèrent lourdement sur le peuple des campagnes. Il était bien loin, toutefois, de se désintéresser du bien public, particulièrement du sort des classes pauvres. « Le seul pôle que doive regarder un roi pour bien gouverner, écrivait-il dans ses Mémoires, c'est le bonheur de ses sujets. » Et n'est-ce pas Colbert, le grand ministre du grand roi, qui donnait cette instruction à un de ses intendants : « Examiner si les paysans se rétablissent un peu, comment ils sont habillés, meublés, et s'ils se réjouissent davantage les jours de fête et dans l'occasion des mariages qu'ils ne faisaient devant. »

On ne peut reprendre ici toute l'histoire de France. Mais enfin, malgré des écarts, malgré le régalisme césarien, malgré le gallicanisme ecclésiastique, il serait facile de montrer, en étudiant la politique soit intérieure soit extérieure de la royauté, qu'elle porta jusqu'à la fin de glorieuses traces de son premier baptême. Non, *de fait*, notre monarchie nationale ne fut jamais « entièrement déchristianisée dans son essence intime ». Et nous ne pensons pas non plus que l'*Osservatore Romano* ait voulu l'entendre ainsi.

Au reste, sauf encore le *fait* de l'importance à donner à une phrase malheureuse, le journal romain a raison de le constater ; nous sommes d'accord sur *les principes*. Ce sont les choses dans leur matérialité concrète, *in rerum natura*, que nous ne voyons pas sous le même angle visuel. Différence d'optique, provenant sans doute du point d'observation : beaucoup plus éloigné d'un côté, beaucoup plus rapproché de l'autre.

Je termine ces trop longues explications en adhérant complètement, par exemple, à cette très juste pensée de l'*Osservatore* : à savoir que le plus essentiel pour la France, à l'heure actuelle, est de rappeler avant tout la *substance chrétienne* dans l'organisme du pays. Le mouvement social chrétien dont l'illustre comte de Mun et ses amis furent les initiateurs, dès 1873, répondait à ce besoin urgent. On ne saurait trop déplorer que l'apathie et l'indifférence d'un trop grand nombre, puis les fatales divisions amenées par les *outranciers* du ralliement, aient compromis le succès d'une si belle entreprise, grâce à laquelle les nombreux éléments de bien qui sont en France auraient pu se rejoindre et faire corps.

Que voyons-nous, au contraire? La France chrétienne flotte pour ainsi dire à l'état de poussière éparse. En dehors du fonctionnarisme gouvernemental, devenu la propriété de la secte, nous n'avons politiquement qu'une seule organisation vraiment consistante; celle, hélas! de la maçonnerie : *Filii hujus sæculi prudentiores filiis lucis in generatione sua sunt.*

Dans ces conditions, « la saute de vent attendue » ramènerait-elle le pouvoir rationnel et chrétien, il faudrait prévoir sous peu un effrondement. Tant que l'on n'aura pas réussi à opposer l'organisation du bien à l'organisation du mal, on ne saurait espérer rien de stable pour l'avenir. Assise sur du sable mouvant, dépourvue de tout moyen de défense, sans étais, sans murs de soutènement, la monarchie ne résisterait pas à la poussée de la Révolution.

Elle tomberait de nouveau après quelques années.

C'est justement pourquoi Léon XIII adjure tout ce qu'il y a de bon et de chrétien en France de songer d'abord à se grouper et à devenir une force autonome, au lieu d'attendre le salut *uniquement* d'une forme de gouvernement, si excellente fût-elle. Mais, encore une fois, pour obtenir ce groupement si désirable des catholiques, des honnêtes gens, « de tous les hommes censés et raisonnables », il ne faudrait pas que « l'appel à l'union lui-même devienne, chez plusieurs, un prétexte à des récriminations plus violentes, à des insinuations plus injustes, à des divisions plus irrémédiables. »

L'Union *au-dessus des partis* que désire le Saint-Père, en vue de la nécessité la plus urgente du moment, n'implique nullement, il semble, la condamnation des partis en eux-mêmes, *positis ponendis* (1).

Nous ne craignons pas de le dire, si les prescriptions pontificales de Léon XIII avaient été sans rapports avec ses vues politiques et avec le mouvement démocratico-libéral si fortement accentué sous son règne, il n'aurait pas été aussi facile de les faire ainsi dévier.

Mais il ne faut pas perdre de vue qu'il devait y avoir tendance naturelle à interpréter ses directions dans le sens de sa politique, et les

(1) *La Vérité*, 14 mars 1897.

instigateurs du mouvement ne manquaient pas de bonnes raisons pour cela. La publication même de l'Encyclique ne fut-elle pas due en partie aux sollicitations des futurs chefs de l'Action Libérale?

Voici, d'après M. de Cheyssac, le récit de l'effort décisif. L'authenticité n'en peut être mise en doute, car ces détails ont été donnés par une personne qui eut en mains le mémoire dont il va être question.

Quelques hommes politiques étaient, un soir, réunis dans les salons d'un curé parisien très en vue. On y voyait, autour d'un cardinal, deux députés ecclésiastiques et plusieurs membres du Parlement. L'un de ces derniers, qui passait avec raison pour un porte-voix des catholiques, appela l'attention sur l'inquiétude causée par le toast de Mgr Lavigerie et par tout ce qui l'avait suivi. Ne devait-on pas en finir? pensait-il. Les royalistes, qu'il croyait connaître, pour avoir été un de leurs chefs, n'attendaient qu'un signe autorisé pour abandonner définitivement une voie politique sans issue et accepter le régime établi. Ce signe ne pouvait être donné que par le Souverain Pontife. Cette ouverture causa une grande surprise. — Ne craignez-vous pas, objecta-t-on, que cette intervention de l'Église dans le domaine politique ne provoque un retour du gallicanisme? — Cette objection et d'autres encore ne furent point écoutées. Le siège était fait.

Le grand personnage politique rédigea un mémoire, qui fut envoyé au Souverain Pontife. On le suppliait, au nom des catholiques, de France d'élever enfin la voix et de leur imprimer une direction qui serait suivie religieusement. Peu de temps après, parut l'encyclique *Inter innumeras sollicitudines*, adressée aux évêques et catholiques de France (16 février 1892). Le grand coup était porté. La politique du ralliement prenait le caractère officiel qui lui faisait défaut.

Il était donc inévitable, dans ces conditions, que le côté politique de ces directions prévalût sur la défense catholique et la résistance religieuse, leur vrai but.

Nous n'insisterons pas davantage ici sur le premier aspect de ces déviations, *per excessum* (1); c'est le second *per defectum*, qui doit désormais retenir notre attention.

§ *II.* — *L'erreur libérale et la direction de M. Piou.*

Les conséquences que je viens d'indiquer furent saisies dès la première heure par certains esprits nets. Leur seul tort, si c'en était un réel, fut de devancer une évolution pour laquelle les hommes les mieux disposés avaient besoin de

(1) Voir *Cas de conscience*, chap. vii et viii.

temps. Mais leur logique devait triompher même des résistances d'Eugène Veuillot.

Trois mois après l'Encyclique, M. Gaston David, fondateur de cette œuvre éphémère qui fut la ligue de Bordeaux, démontrait à celui-ci que les Directions pontificales appelaient la constitution *d'un parti essentiellement républicain et essentiellement libéral*. Certes, sa lettre émet des appréciations injustes et fausses, mais je ne sais ce qu'on aurait pu objecter à ses raisonnements :

21 avril 1892.

Monsieur,

Il y a toujours agrément et profit à élucider ses idées par la discussion avec un honnête et galant homme, de talent et de bonne foi, en qui l'on est sûr de ne pas rencontrer un contradicteur de parti pris.

Voulez-vous me permettre, à propos des observations dont vous accompagnez ma lettre au *Nouvelliste*, de vous soumettre quelques réflexions ? Après avoir constaté l'accord de *l'Univers* et de la *Ligue de Bordeaux* sur les points essentiels de la ligne de conduite tracée par l'Encyclique, vous semblez marquer un dissentiment qui, je le crois, est plus apparent que réel.

Vous dites : « Demander aux catholiques d'être essentiellement des républicains libéraux, c'est faire fausse route. »

Pourquoi ?

Dès qu'on veut exercer une action politique, la première condition est de se placer sur un terrain politique nettement déterminé.

Comme homme privé, on peut être purement catholique, comme homme politique, on doit être catholique républicain ou catholique monarchiste. L'un ou l'autre, mais l'un des deux nécessairement.

Engager les catholiques à s'organiser en dehors des partis politiques, c'est parler en théologien plutôt qu'en homme politique.

Au moment psychologique, au jour des élections, l'électeur demande une profession de foi politique et non une profession de foi confessionnelle. Aux candidats purement catholiques il dira : « Vous êtes catholiques; c'est fort bien; je le suis aussi. Vous réclamez la liberté religieuse; c'est parfait; je la veux. Mais cette liberté de qui l'attendez-vous? De la République ou de la Monarchie? Moi je ne la veux que de la République. Et vous?

Il faut prendre parti et se prononcer.

Le peuple ne s'empêtre pas dans les équivoques et les à peu près. Il n'admet ni les faux-fuyants, ni les sous-entendus. Il veut qu'on lui parle clair et net. Qu'il n'y ait dans notre langage rien d'ambigu, de subtil ou d'obscur. A cette condition seulement il nous écoutera et nous entendra.

Le fait est que le peuple est à la fois républicain et catholique. S'il a laissé persécuter la religion, c'est que les monarchistes lui ont persuadé qu'elle était l'ennemi irréconciliable de la République. Avec une sagesse supérieure, et une autorité suprême, le Pape vient de dissiper cet absurde et funeste malentendu.

Rien n'empêche aujourd'hui d'être catholique avant tout et d'être en même temps essentiellement républicain. Les deux choses ne sont nullement inconciliables, en ce sens que le premier devoir d'un catholique sera toujours de combattre, non la République, pouvoir légitimement établi, mais les hommes agissant au nom de ce pouvoir, aussi longtemps que ces hommes refuseront aux catholiques les libertés qui leur sont dues au nom même des vrais principes républicains.

Au point de vue religieux, je ne vois aucun inconvénient à ce qu'il se constitue un parti essentiellement républicain catholique.

Au point de vue politique, peut-être est-il préférable de constituer un parti plus large, ouvert à tous les hommes de liberté, un parti essentiellement républicain libéral.

Le Saint-Père « croit opportun, nécessaire même d'élever la voix, pour exhorter notamment, *non seulement les catholiques, mais tous les Français,* honnêtes et sensés, à repousser loin d'eux tout germe de dissentiments politiques, afin de consacrer uniquement leurs forces à la pacification de la patrie.

Appelant tous les bons citoyens à constituer un seul parti, le Pape entend donc un parti qui ne soit pas exclusivement catholique, qui admette dans ses rangs tous les Français, protestants ou autres, désireux d'obtenir pour tous l'égalité dans la liberté.

Il s'agit d'un parti essentiellement libéral.

A qui le parti libéral doit-il réclamer la liberté? Au pouvoir établi, à la République. « *Dans l'ordre d'idées spéculatif*, nous dit le Saint-Père, les catholiques, comme tout citoyen, ont pleine liberté de préférer une forme de gouvernement à l'autre. Mais, *dans le domaine de l'action*, il n'y a que le gouvernement que la France s'est donné. La République est une forme de gouvernement aussi légitime que les autres. Lorsque les gouvernements qui représentent cet immuable pouvoir sont constitués, les accepter n'est pas seulement permis, mais réclamé, *voire imposé*, par la nécessité du bien social qui les a faits et les maintient.

Il s'agit là d'un parti essentiellement républicain.

Libéral d'une part, républicain de l'autre, voilà bien, donnés par l'Encyclique, les deux termes dont se sert la Ligue de Bordeaux.

Ce parti essentiellement républicain et essentiellement libéral, n'agissant pas seulement à titre de catholique, faisant alliance avec les républicains libéraux, sans distinction de croyance, serait plus nombreux, plus assuré de la majorité, et aurait plus de force « pour combattre, unis comme un seul homme, selon les termes de l'Encyclique, par tous les moyens légaux et honnêtes, les abus progressifs de la législation ».

Vous pouvez être certain qu'en ce qui concerne la ligue de Bordeaux elle entend bien ne jamais abandonner aucune des légitimes revendications de l'Église, aucune des franchises auxquelles nous avons droit comme catholiques, comme républicains et comme Français.

J'ajoute qu'en écrivant qu'on ne doit pas être plus catholique que le Pape, je n'ai jamais eu dans ma pensée *l'Univers*, mais uniquement les monarchistes intransigeants assez aveuglés par l'esprit de parti pour mettre leur foi orléaniste au-dessus de leur foi catholique, pour oublier que le Souverain Pontife est le meilleur juge des intérêts de l'Église, pour prétendre qu'on doit dédaigner ses conseils parce qu'il est souverain étranger, et pour aller jusqu'à déclarer qu'il y aurait lieu de le pourvoir d'un conseil judiciaire.

Veuillez agréer, Monsieur, l'assurance de mes sentiments les plus distingués.

GASTON DAVID.

M. Eugène Veuillot voudrait rester catholique avant tout, mais sa réponse trahit l'embarras de sa situation :

Vous n'allez pas assez loin, nous dit M. Gaston David. Les électeurs veulent des déclarations politiques précises et formelles ; que répondront les candidats catholiques quand on leur demandera s'ils sont pour ou contre la République ? Eh bien, les uns — ce seront les moins nombreux — répondront qu'il sont *pour*, et les autres qu'ils ne sont pas *contre*, puisqu'ils acceptent, selon les enseignements de l'Église, le pouvoir existant. Et là où ces déclarations ne suffiront pas, nous n'aurons rien à faire... ni la ligue Populaire non plus. *C'est, en effet, une erreur de croire que le républicain catholique pourra, mieux que le catholique avant tout, enlever les votes des républicains révolutionnaires.* La masse populaire restée honnête, mais préférant le *statu quo* gouvernemental à une révolution, est la force que nous devons viser. Cette masse, nous l'entamerons lorsqu'elle sera convaincue que nous travaillons uniquement pour la religion, l'ordre et la liberté.

Quantum mutatus ab illo!... C'était l'époque où M. Eugène Veuillot tenait encore tête au *Moniteur de Rome* devant lequel la force des choses devait le faire s'incliner plus tard, et où, à propos de la succession électorale de Mgr Freppel, dont M. l'abbé Bœglin voulait écarter tout candidat ecclésiastique, le directeur de *l'Univers* répondait par cette déclaration courageuse et prophétique :

Certes, nous ne sommes pas ennemis de la pacification ; tout au contraire, nous la cherchons ; mais au lieu de la demander humblement aux persécuteurs, nous voulons la leur imposer. Or, c'est seulement par la défense énergique de tous nos droits, par le combat sans trêve que nous pourrons obtenir ce résultat. Le *Moniteur de Rome* voudrait évidemment que les catholiques, moyennant quelques concessions sans solidité, sans lendemain, se donnassent aux hommes du jour. *Nous croyons, nous, que cette politique aboutirait à un désastre*, et qu'il faut entrer dans le terrain constitutionnel, *non pas à la suite du parti républicain et franc-maçon, mais contre lui*. Et quoi qu'en dise le *Moniteur de Rome*, c'est le chemin que les enseignements du Saint-Siège nous ont ouvert (1)...

Veut-on maintenant, sans s'attarder à parcourir tout le chemin qu'ont fait les prétendues Directions pontificales et qu'elles ont fait faire à ceux qui s'y attachaient aveuglément, en marquer quelques étapes?

Au mois de janvier 1892, comme *la Liberté* invitait ceux qui prônaient le terrain constitutionnel après la lettre des cinq cardinaux, à opter entre le centre gauche et les monarchistes, Eugène Veuillot lui répondait par [ce programme de conduite électorale :

... Notre attitude sur le terrain électoral sera des plus logiques et des plus nettes ; nous voterons pour le candidat qui acceptera notre programme ou qui s'en rapprochera la plus. Au monarchiste qui hésiterait à se prononcer clairement sur tels ou tels points, nous préférerons le républicain qui s'y rallierait hautement.

Mais, reprend *la Liberté*, si le monarchiste et le

(1) *L'Univers*, 9 janvier 1892.

républicain admettent dans la même mesure vos revendications, que ferez-vous ? *Nous dirons aux catholiques de voter d'abord selon leurs préférences politiques ou personnelles*, puis de se porter tous au second tour de scrutin sur celui des deux candidats qui, ayant obtenu le plus de voix, aura le plus de chances d'être élu. Et s'il arrivait que le candidat monarchiste, mis en minorité, maintînt néanmoins sa candidature, nous serions contre lui (1).

Voilà le point de départ, juste et mesuré. Le point culminant, ce fut l'inqualifiable déclaration du même directeur de *l'Univers*, aux élections de 1898, expliquant que la fidélité aux instructions du Pape lui défendait de manifester une préférence entre Paul de Cassagnac, l'intrépide champion auquel on devait le rejet de plusieurs mesures persécutrices, et M. Bascou, libre-penseur judaïsant. Eugène Veuillot approuvait M. Laudet de ne pas s'être désisté en faveur de Paul de Cassagnac. On a pu lire cet article monstrueux au chapitre VIII du *Cas de conscience*.

A mi-route, à propos du scrutin de ballottage de 1893, où les mêmes candidats étaient en présence, Eugène Veuillot avait écrit :

Les partisans de M. de Cassagnac comprennent à

(1) *L'Univers*, 29 janvier 1892.

peu près qu'on l'ait lâché pour le premier scrutin ; quant au second, ils ne peuvent admettre que des catholiques aient, par le vote ou l'abstention, fait passer contre un des leurs — qui n'est certes pas le premier venu — un républicain sectaire. En effet, l'acte est gros et nous eussions agi autrement. *On nous aurait vu voter à bulletin ouvert, mais sans élan, pour M. de Cassagnac* (1). —(!)

En 1896, M. Pierre Veuillot expliquait, toujours au nom des directions pontificales, *qu'en aucun cas les ralliés ne pouvaient voter pour un catholique monarchiste* :

Une élection aura lieu à Pau, le 7 juin, pour remplacer à la Chambre M. Léon Say. Deux candidats sont en présence : M. de Joantho et M. Cassou. Un de nos lecteurs, désireux d'obéir aux prescriptions pontificales, voudrait savoir quelle conduite, en la circonstance, doivent tenir les catholiques. Il nous présente ainsi les deux concurrents :

M. de Joantho n'est pas un fervent chrétien, mais, toujours, il s'est montré d'une grande fermeté sur le terrain des revendications religieuses. Il est monarchiste et rédacteur en chef d'une feuille réfractaire. M. Cassou, ancien député, va régulièrement à la messe, est au mieux avec le curé de sa paroisse ; mais, toujours, à la Chambre, il a voté les lois de persécution. Il n'en manifeste jusqu'ici, en public du moins, aucun regret.

(1) *L'Univers*, 12 septembre 1893.

A qui les électeurs catholiques devront-ils donner leurs suffrages ?

M. Pierre Veuillot invite les catholiques à obtenir de M. de Joantho une profession de foi constitutionnelle, ou de M. Cassou la promesse de réagir contre les *tracasseries* religieuses, selon le mot consacré par l'Esprit nouveau. Ils voteront pour celui des deux qui leur accordera la garantie nécessaire.

Et si, ni d'un côté ni de l'autre, ils n'ont rien obtenu, même pas l'indispensable minimum ?

Alors, voici quelle sera la situation : ils se trouveront en présence de deux concurrents, dont l'un, M. de Joantho, refuse obéissance à la prescription très nette du Pape, nous demandant d'accepter la forme actuelle du gouvernement, dont l'autre, M. Cassou, résiste à l'ordre pressant du Saint Père, nous demandant de travailler à l'amélioration des lois persécutrices. *Les catholiques, résolus à demeurer sur le terrain marqué par le Souverain Pontife, ne peuvent donner leurs voix à aucun des deux concurrents, pas plus au réfractaire de droite qu'au réfractaire de gauche.*

Nous voudrions voir, dans cette hypothèse, les catholiques soumis présenter un candidat. Et s'il y avait ballottage, sans qu'on obtînt pour le second tour les concessions refusées au premier tour par MM. de Joantho et Cassou, le candidat constitutionnel devrait jusqu'au bout se maintenir, coûte que coûte.

On nous objectera que la candidature d'un catholique dans les Basses-Pyrénées, ou, de même, l'abstention des nôtres se refusant à voter pour M. de Joantho, entraînerait probablement l'élection de M. Cassou. Un fauteur de lois mauvaises, non repentant, serait ainsi envoyé à la Chambre. A coup sûr, le résultat serait triste. Il n'est pas un vrai catholique, celui qui pourrait l'envisager sans douleur et sans hésitation.

Mais, d'autre part, à un point de vue général, n'y a-t-il pas un inconvénient, aussi très grave, à ce que les catholiques, après avoir pris position sur le terrain constitutionnel, déclarant accepter le gouvernement établi, continuent, en maintes circonstances, à voter pour des ennemis absolus de la forme républicaine ? L'attitude à nous recommandée par Léon XIII ne peut avoir de succès que si nous persuadons le pays de notre sincérité. Cela vaut la peine d'y réfléchir (1).

Le vœu de Pierre Veuillot fut exaucé. On suscita la candidature de M. Butel, rédacteur en chef du *Patriote* des Pyrénées, constitutionnel et catholique. Le résultat fut l'élection de M. Cassou, le partisan des lois sectaires.

(1) *L'Univers*, 28 mai 1896.

Je fais amende honorable au lecteur pour l'avoir ramené un instant au côté politique du Ralliement, revenons à son aspect libéral et à ce qu'il doit à M. Piou sous cette forme.

Un des cardinaux de l'entourage le plus intime de Pie X a porté ce jugement sur le qualificatif de *libérale* choisi pour désigner l'organisation des forces catholiques : c'est comme si l'on avait dit, à une autre époque, l'action pélagienne ou l'action janséniste. En effet, le libéralisme est une erreur proscrite dans l'Eglise. Ce n'est pas vainement qu'on en prend l'enseigne. Les grands malheurs de ce siècle ont été enfantés par des formules dont certains hommes téméraires croyaient l'équivoque favorable à la bonne cause, mais qui, inventées et répandues par ses ennemis, finissaient par faire accepter, avec le nom, la vraie chose qu'elles signifiaient. Plût à Dieu que ce titre de *libérale* fût seulement une vague enseigne ! Mais on a trop cédé à la nécessité de montrer qu'elle ne couvrait pas des denrées fausses.

Certes, c'était déjà un mal, c'était une abdication d'effacer son titre de catholique, pour ne prendre que celui de libéral. C'était substituer à l'affirmation de la vérité et du droit une thèse d'où le mal et le bien peuvent également sortir. On se flatte d'en tirer aussi aisément le bien que les ennemis de Dieu en tirent le mal. Mais, pour abattre son adversaire, on ne commence pas par lui céder spontanément l'avantage de la position.

S'il est en effet une chose, au temps présent, qui glisse, pour ainsi dire, entre nos doigts, ne laissant qu'une image, un souvenir, un regret, c'est *la liberté*. Inscrite en traits profonds sur le granit de nos monuments, elle se refuse obstinément à entrer dans nos mœurs; et sur la même pierre où l'on a gravé ce mot sublime, on colle aussitôt après et inlassablement l'affiche qui le supprime.

Liberté intellectuelle, nous crie-t-on à tue-tête, et l'idéal laïque s'enfle de façon si démesurée qu'il craint de ne pouvoir tenir dans le monopole de l'enseignement. — Liberté morale, et le vice, débordant jusqu'en nos maisons, s'efforce de salir, par ses productions infâmes, l'âme même des enfants. — Liberté sociale est la seule forme du gouvernement qu'on nous permette de concevoir, c'est celle de la République à perpétuité. — Liberté de la presse, et les fonds secrets vont aux feuilles officielles, et les procès et les amendes aux réactionnaires. — Liberté de la parole, et les mesures protectrices sont pour les orateurs grévistes, et les horions des gendarmes ainsi que les coups sournois des apaches, pour les Jaunes sages et travailleurs. — Liberté d'association, et les émeutiers se syndiquent, les voleurs s'associent, les loges se fédèrent, tandis que les religieux ne sauraient se trouver cinq réunis pour prier, sans constituer une association factieuse. — Liberté de conscience enfin, et la seule liberté qu'on laissera bientôt aux catholiques sera de ne pas penser comme les autres, à la condition toutefois de ne pas le faire savoir.

Quelle dérision ! — Quel soufflet infligé à l'orgueil de ce peuple français qui se prétend le plus libre de la terre, alors qu'il l'est le moins ! — Quelle cruelle justification de ce mot du fédéré à l'archevêque qu'il allait fusiller : « Tais-toi ! ta liberté n'est point la nôtre. »

Ah ! c'est qu'en effet leur liberté n'est point la nôtre. Leur liberté, c'est celle de l'erreur, du vice, du blasphème et du vol ; la nôtre, c'est celle de la vérité, de la vertu, de la prière et de l'aumône. Entre ces deux libertés, ils ont choisi naturellement celle qui demande le moins d'efforts et qui accorde le plus de jouissance ; ils ont choisi la liberté de mal faire.

Et ces deux libertés ne peuvent s'équilibrer : elles ne le pourraient que si le Bien et le Mal étaient toujours d'égale force, et surtout d'égale humeur. Mais comme l'un et l'autre s'excluent, il s'ensuit que si le Bien progresse, le Mal se tait et s'efface, et que là où le Mal domine, le Bien n'a plus qu'à se cacher pour se soustraire à sa vengeance. Attendons-nous donc, au fur et à mesure que le Bloc grandira, s'épaissira, à voir nos dernières libertés s'envoler, comme feuilles d'automne, au souffle de sa licence.

Il s'est trouvé une école qui, méconnaissant cette grande loi de la distinction et de l'antagonisme du Bien et du Mal, s'est donné la tâche de réconcilier ces éternels adversaires, et de leur faire goûter dans les liens d'un hymen de son invention les joies d'une paix inaltérable. Cette école, c'est celle du Libéralisme. Et, comme la France, au jugement de tous, est en ce moment bien malade, elle a de suite offert le remède pour la guérir : « *La liberté*, a dit M. Piou, dans son discours du Havre, 14 septembre 1902, *la liberté* SOUS TOUTES SES FORMES ET SOUS TOUS SES ASPECTS, *dans le domaine politique comme dans celui de la conscience, voilà ce qui peut nous guérir* (1). »

Ne devrait-ce pas être un sujet d'humiliation et d'inquiétude pour les catholiques, de voir le chef sur lequel on dit que l'Eglise se repose du soin de venger leurs droits et de maintenir leur drapeau haut et ferme, ne se présenter au pays, dans les publications populaires de sa ligue, comme dans ses professions de foi électorales, qu'en passant sous silence le nom de Dieu et son titre de catholique (2), pour ne réclamer que de celui de libéral ?

(1) *Le Bloc catholique*, février 1906.
(2) Voir *Cas de conscience*, chap. xi.

Comme il est réconfortant pour les catholiques ce boniment biographique, inséré dans l'Almanach de la ligue pour l'année 1906 !

En dehors de ses obligations professionnelles, M. Piou comprend qu'il a une mission sociale à remplir et le voilà qui se jette dans la mêlée pour le triomphe de la liberté, dont il sera toute sa vie le plus noble champion.

Ce qu'il y a en effet de remarquable dans la vie publique de M. Piou, c'est son unité. La liberté est la grande idée qui, dans le cours de sa carrière politique, va guider tous ses actes, c'est la grande cause qui dictera tous ses écrits et toutes ses paroles, c'est l'unique but vers lequel convergeront toutes ses aspirations et tous ses efforts.

Dès 1868, sous l'Empire, il fonde *le Progrès libéral*, et prend rang dans l'opposition libérale. Dans l'article-programme de son journal, il déclare vouloir combattre en dehors de tout intérêt de parti pour la seule cause de la liberté et, sans manquer de justice ni de respect aux régimes passés, ne soutenir que la cause *de la démocratie libérale.*

Candidat constitutionnel, dès 1876, etc... (1).

Mais on ne saurait pas où aboutit le difficile problème d'unir ceux qui ne croient pas à ceux qui croient, pour la défense de la vraie religion,

---

(1) Almanach, 1906, p. 19.

si l'on ne voyait, dans ce même almanach, « la pensée française » devenir, par la périphrase la plus ingénieuse et peut-être la plus imprévue, l'équivalent de la foi catholique et de l'Eglise persécutée, et celle-ci paraître ne se défendre qu'à titre de tradition nationale. C'est à propos de la loi de séparation de l'Eglise et de l'Etat :

M. Aristide Briand, député socialiste de la Loire, est assurément un des ennemis les plus dangereux *de la pensée française* et un de ceux qui travaillent avec le plus d'activité et de succès, hélas ! à la décomposition lente du pays. On a beaucoup exagéré son talent, néanmoins c'est un avocat habile et c'est en tout cas celui que la Franc-Maçonnerie, dans cette circonstance décisive, avait choisi pour plaider sa cause contre la *religion traditionnelle* des Français (1).

Le libéralisme de M. Piou a fait dévier la défense catholique et la direction de l'action libérale par deux faux principes :

Le programme minimum,
Le droit commun.

§ 3. — *Le programme minimum.*

La seule idée d'un programme minimum con-

(1) Almanach, 1906, page 31.

tredit la résolution d'une résistance énergique. Elle ouvre la porte à toutes les concessions, conduit à une politique d'expédients ; elle équivaut à la théorie du moindre mal, qui fait sacrifier le principe et le droit pour sauver temporairement l'usage et obtenir une paix menteuse.

Elle répugne surtout à une cause comme celle de la religion et de l'Eglise. La morale pure, les droits de la société spirituelle, les intérêts des âmes n'offrent pas aussi aisément matière à compromis que les transactions commerciales ou politiques.

Voyez où nous tombons dès le premier pas. L'Encyclique du 16 février 1892 adjure les catholiques français de concentrer tous leurs efforts sur la résistance à la législation anti-chrétienne. L'intervention si grave du Souverain Pontife dans les discussions politiques qui les divisent n'a pas d'autre but que de les rallier tous pour venger la religion en péril. Et ceux qui ont appelé cette intervention, qui se font les interprètes de la pensée pontificale et seront investis par Rome d'une mission à cet égard, commencent par se demander à quoi on pourrait bien réduire les revendications.

Tant il est vrai que leur politique religieuse est infectée de libéralisme, et que le libéralisme se confond pratiquement avec le naturalisme, par l'oubli des énergies surnaturelles de la foi religieuse, de ce que peut l'action de Dieu dans les âmes et la société.

Le programme minimum est une invention dont l'honneur revient à M. Piou.

L'Univers du 14 juin 1892 publia une interview de lui, où il exposait ses vues et ses espérances, dans ces premiers temps qui suivaient l'Encyclique. Nous en extrayons le passage suivant :

D. — Est-ce que vos amis comptent, aux élections prochaines, se constituer en parti catholique ?

R. — Nullement. Un parti catholique ne peut pas être, dans notre pays, un parti électoral. Un parti catholique avec un clergé concordataire *et le programme minimum* dont nous sommes tenus de nous contenter, est-ce possible ? Du reste, il n'y a pas que des intérêts religieux engagés dans nos luttes politiques. Nous ne devons éloigner personne par des appellations exclusives et ne donner prise à aucune équivoque. Ne rétrécissons pas le cercle autour de nous ; élargissons-le, au contraire, le plus possible. Bien des gens qui n'ont pas nos croyances veulent qu'on les respecte ; ceux-là sont nos alliés. Ne les effrayons pas, et surtout *que nul n'ait un prétexte pour dire que les catholiques réclament autre chose que la liberté,* ou cherchent à empiéter sur les droits de l'Etat et l'indépendance de la société civile.

M. Eugène Veuillot accompagnait alors les déclarations de M. Piou des réserves les plus honorables.

Nous faisons des réserves expresses sur les passages relatifs au « parti catholique ».

Le programme des catholiques avant tout, leurs vues quant à l'organisation des partis politiques et à leur rôle particulier ne sont pas, en effet, ce que croit M. Piou. Ils ne veulent pas plus se laisser absorber par les républicains conservateurs ou libéraux que par les monarchistes, car ils entendent diverses choses capitales, notamment les droits de l'Eglise, autrement que ceux-ci ou que ceux-là.

Quant à ceux qui, dès le premier jour, avaient répondu : rallié et catholique avant tout, ce sont des positions contradictoires (non pas théoriquement, s'entend, mais, en fait, vu les circonstances), on les déclarait rebelles et de mauvaise foi.

La parole de M. Piou tombait sur une terre bien disposée à la recevoir, aussi n'allait-elle pas tarder à porter ses fruits. C'est ce que nous devons montrer par une suite de documents.

Si désagréable que la constatation puisse être à quelques personnes, ils établiront péremptoirement que, contrairement aux intentions les plus certaines de Léon XIII et au but de son Encyclique, ce qui a triomphé sous le nom de Directions pontificales c'est l'erreur libérale, c'est le programme de ces libéraux qui proposaient, en 1884, à la commission cardinalice dont il a été question plus haut, « *d'exclure la question religieuse du programme électoral des catholiques* (1) ». — Quel renversement !

On y trouvera l'explication de cette tactique inouïe, la clef du plan sauveur : il faut d'abord réaliser la République libérale, ouverte et tolérante. Alors seulement, nous ferons valoir nos revendications religieuses, mais par le fait même de la situation elles obtiendront à ce moment gain de cause. — Quelle chimère, et, dans tous les cas, quelle substitution sacrilège !

On a tout cela dans la première des *Lettres d'un catholique* que M. François Descostes publia dans *l'Univers*.

Celle-ci est en date du 30 janvier 1893 :

(1) Voir *Cas de conscience,* chapitre VI, page 85.

« Et ce n'est pas, en ce qui me concerne, sans une indicible satisfaction qu'en achevant cette lettre je lisais dans *le Moniteur de Rome* du 12 janvier, qui m'arrive à l'instant, ces lignes qui en sont, en quelque sorte, la consécration :

« Trois noms symbolisent avec éclat la politique de Léon XIII en France : M. le comte de Mun, M. Lamy et M. Piou. Le programme arboré par le premier est la liberté religieuse ; le second revendique la liberté et le droit commun ; le troisième, dans *le Figaro*, réclame une « République ouverte, tolérante et honnête ». Une même inspiration guide et domine cette action : *un minimum de revendications*. On ne saurait trop louer cette réserve. Dans ses appels mémorables à la nation française, Léon XIII n'a-t-il pas convié tous les honnêtes gens à une collaboration commune pour une même œuvre de salut et de relèvement ? Aujourd'hui, ce qui est en péril, et par conséquent en cause, c'est la fortune même de la France. Ce qu'il faut sauver, ce ne sont pas des intérêts secondaires ; c'est la sécurité nationale, morale et politique de la France ; c'est tout l'ensemble des idées, des sentiments et des souvenirs qui constituent l'âme et l'existence d'un peuple. Monarchie, république, césarisme, avènement de tel homme, prépondérance de tel parti, ornements de l'édifice, aménagement même de la maison, que sont toutes ces contingences devant ce *postulatum* de la situation présente : la direction et l'ordonnance de la démocratie française.

« Les serviteurs du Saint-Siège, comme les patriotes éclairés, ont compris que là est le nœud de la question nationale. De là, les revendications purement générales de M. Lamy, de M. le comte de Mun et de M. Piou. *Un programme minimum* est le programme *idéal*, non quant au but ultérieur, mais quant aux conditions de la stratégie électorale.

En s'y bornant, les républicains ralliés suivent les instructions de Rome, les conseils de la prudence et l'exemple des partis catholiques qui, dans les autres pays, ont combattu les saints combats pour l'enjeu de la lutte actuelle, *tous les Français qui placent l'intérêt suprême du pays au-dessus de tout s'associeront à ce travail et entreront dans ce sillon*. Le renouvellement du parti conservateur, le rajeunissement des méthodes de combat et de défense, la position morale du clergé et de l'Eglise, l'assainissement du système politique et l'éducation des nouveaux venus, l'orientation ordonnée et pacifique de la démocratique française, le dénouement graduel des crises sociales et, par-dessus tout, la force et la grandeur de la France, cette noble cause, qui est intimement liée à la sauvegarde des intérêts spirituels dont Rome a la charge et dont elle a pris directement la défense : *toutes ces grandes choses dépendent de la réalisation heureuse des conseils et des ordres du Saint-Siège.*

Le Moniteur de Rome demande que cette campagne soit non pas une campagne de résignation, mais une campagne faite avec foi, avec entrain, où les conservateurs aillent droit à l'âme du peuple, en épousant ses sympathies, en partageant ses passions, dans tout ce qu'elles ont de noble et de pur, en lui parlant le langage du cœur que le peuple aime à entendre. Sera-ce le succès demain? Non, certes ; mais ce sera l'acheminement au succès, et le succès, ici, il est bien pour tenter les ambitions les plus nobles et les plus pures, puisqu'il n'est autre que le relèvement de la France.

Jusqu'à ces jours, dit en terminant la feuille romaine, l'idée providentielle du Pape a traversé plusieurs phases. De la polémique passionnée elle est entrée dans une région plus sereine. La lumière s'est faite dans beaucoup d'esprits ; à la période d'ensemencement a succédé l'époque de la réalisation pratique. Mais, malgré ces progrès, nous ne sommes pas encore près du terme. La politique du Saint-Père est une politique à longue échéance, parce qu'il s'agit de créer une nouvelle atmosphère et d'élever toute une génération. C'est, dans l'ordre du succès, plus une question morale qu'une affaire politique et purement ecclésiastique. C'est pourquoi il importe, pour une œuvre de conversion, d'employer l'art suprême de l'apostolat ; il faut créer un état d'esprit. Or, ces transformations ont besoin de beaucoup de sagesse, mais surtout de beaucoup de cœur, d'enthousiasme, d'âme et de dévouement. Quand les applications des instructions de Rome auront réalisé ce progrès, la délivrance sera accomplie. L'aube d'une nouvelle résurrection blanchira les horizons de la France.

« *Le programme minimum de M. Jacques Piou est une idée lumineuse ; donnons-lui des ailes !...*

« Donc, moins que jamais, Rome, dont il faut reconnaître ici les inspirations, ne revient sur la ligne de conduite qu'elle a tracée aux catholiques ; *les échos du Vatican nous en rapportent la véritable et constante pensée : République honnête, tolérante et ouverte :* nous pouvons, sans crainte, adopter cette devise. « Donnons-lui donc des ailes », par la plume et par la parole, par les journaux et par les conférences, aidons le ciel, et le ciel continuera à nous aider.

Au risque d'étonner beaucoup de gens, je dirai : quiconque a étudié l'*américanisme*, en retrouvera l'esprit dans cette lettre. C'est un exemple entre mille. Le triomphe des meneurs du Ralliement a été de le faire accepter comme programme du Saint-Père par des catholiques tels que l'auteur de cette lettre, dont les intentions étaient parfaitement droites. Le plus curieux est qu'ils n'en faisaient point mystère.

M. l'abbé Naudet écrivait dans *la Justice sociale* du 11 mars 1899 :

Une question se pose partout chez tous :
Qu'est-ce que l'*américanisme* ? Nous voulons dire l'américanisme selon la formule des détracteurs des grands évêques américains...
Si c'est un état d'esprit, point n'est nécessaire d'aller l'étudier au loin et de lui donner un nom d'outre-océan. Lacordaire, Montalembert et toute cette école qui donna à l'action catholique du milieu de ce siècle

un si puissant éclat, avaient dit tout ce que nous trouvons dans les discours de Mgr Ireland. Les instructions du Pontife romain orientant les catholiques français vers la République en sont, à l'heure actuelle, une application pratique...

M. Boudin, un des zélés néo-chrétiens de 1890, écrit aussi :

« L'américanisme n'est que le développement de la politique de Léon XIII, cette politique qui contient l'histoire des peuples à venir. La prétendue orthodoxie qui se déclare scandalisée de ces prétendues innovations n'est que la dernière plainte d'un moribond blessé à mort il y a quelques années, lors de la publication des enseignements pontificaux qui nous ont enfantés et que nous maintiendrons (1) ! »

Mais revenons à l'idée lumineuse de M. Piou.

Le Moniteur de Rome se multipliait pour lui donner des ailes et prodiguait les instances.

Un programme minimum est le programme idéal, non quant au but ultérieur, mais quant aux conditions de la stratégie électorale. En s'y bornant, les républicains ralliés suivent les instructions de Rome (2).

La seule chose précise que renfermât ce programme, édicté bruyamment au nom du Saint-

---

(1) *L'Américanisme*, p. 5.
(2) Article reproduit par *la Vérité*, 26 juillet 1893.

Père, c'était l'acceptation tacite et provisoire des lois scélérates sur l'école laïque, le divorce, le service militaire des clercs, *l'acceptation de la législation avec la constitution républicaine.* La distinction posée par Léon XIII n'avait plus que la valeur d'un mot. En fait, les condamnations portées par les cardinaux français et le Pape demeuraient lettre morte ; la morale chrétienne, la conscience catholique étaient mises en sommeil jusqu'au triomphe de la République idéale, et on commençait par remettre à plus tard le devoir de la résistance.

C'est ainsi qu'on traduisait l'appel du Souverain Pontife, et aucune voix autorisée ne venait démentir ces déformations imprudentes de sa pensée. Leurs auteurs réussissaient à faire croire qu'il n'y avait à la méconnaître que les opposants à sa direction politique, également faussée par eux.

Un grand discours-programme prononcé par M. Constans, à Toulouse, pour préparer les élections de 1893, contribue principalement à révéler cette situation.

La Vérité (1), dans un excellent article de M. Ar-

(1) *La Vérité*, 15 août 1893.

thur Loth avait saisi cette occasion de montrer aux ralliés engagés dans une fausse voie qu'ils n'obtiendraient pas même la neutralité :

Les catholiques qui ont lu dans les instructions pontificales qu'il fallait accepter la Constitution pour mieux combattre la législation, comptaient profiter des prochaines élections pour remettre en question les lois scolaires. Mais il s'agit bien de cela maintenant ! M. Constans a parlé; il a parlé en homme qui paraît assuré d'être la puissance de demain, et voilà que de tous côtés on se montre disposé à aller à lui, à le prendre pour chef, à se ranger sous son programme.

Or, M. Constans a déclaré, après M. Dupuy, après M. Goblet, après M. Clemenceau, après tous les autres, qu'il fallait conserver intactes, comme le patrimoine propre de la République, ces lois scolaires et militaires contre lequelles les catholiques n'ont cessé de protester.

L'ancien président du conseil des ministres, aujourd'hui grand-électeur de la France, oblige tous les hommes de bonne volonté qui sont allés à la république à faire encore un grand pas en avant pour le suivre. Naguère, il y eut un comité de fort honnêtes gens et habiles politiciens qui se proposaient de rallier tous les catholiques, tous les conservateurs autour des républicains modérés, en leur faisant accepter ce qu'ils appelaient le *programme minimum*. On y transformait la laïcité en neutralité, et, moyennant ce tempérament, on acceptait la loi scolaire. Avec cela on allait aux élections sur le terrain constitutionnel.

C'était là un programme de « résignés », comme Dupuy veut bien appeler les adhérents à la république. Il fallait, en effet, beaucoup de résignation pour accepter la neutralité au lieu de la laïcité ; mais, au moins, il y avait une différence de mots, quoique ce fût la même chose au fond.

Ce n'était pas l'école impie, sans Dieu, sans prière, sans crucifix, l'odieuse école laïque en un mot qu'on acceptait ; c'était simplement l'école neutre, quelque chose de moins sectaire en apparence, de plus adouci, de moins opprimant. Peut-être, à la faveur de la neutralité, aurait-on pu, dans l'intervalle des classes, introduire subrepticement le prêtre à l'école avec son histoire sainte et son catéchisme, retenir autour de lui quelques petits laïcisants moins pressés que les autres d'aller jouer, et établir ainsi un semblant d'enseignement religieux à côté de l'enseignement laïque. Les vœux de l'honnête ligue de Bordeaux, remplacée depuis par le comité de MM. Piou et Lamy, n'allaient pas au delà. Bien des catholiques se contentaient de ce *minimum* de programme, ou de ce programme *minimum*, au point de mériter vraiment d'être appelés les résignés.

Mais ils ne sont pas au bout de leur abnégation. Le chef du mouvement de concentration des conservateurs ce n'est plus M. David, de Bordeaux, ni M. Piou, ni M. Lamy : c'est M. Constans, et c'est son programme qui devient le programme électoral du ralliement. Il n'est même plus question de neutralité scolaire. M. Constans a dit à quelles conditions il acceptait le concours des ralliés et promettait la paix religieuse. Ces conditions sont dérisoires. M. Constans s'est moqué des catholiques. Accepter avec lui les lois scolaires et militaires comme les bases indestructibles de la république serait une forfaiture ou une duperie. Les catholiques qui consentiraient à un tel marché ne pourraient point assurément passer pour traîtres, mais des ralliés de cette sorte seraient-ils autre chose que des ralliés?

Non, ce n'est point ainsi qu'il faut entendre les instructions du Souverain Pontife. Le Pape, en conseillant aux catholiques d'accepter l'établissement constitutionnel de 1875, qu'ils n'ont jamais attaqué d'ailleurs, a voulu les placer dans une position de combat plus avantageuse, en les mettant face à face de leurs adversaires sur le terrain commun de la Constitution. Le Pape n'a point dit de passer dans le camp de l'ennemi, en se soumettant à ses armes, à ses lois, il n'a point dit de déserter la lutte, ni de changer de chefs et de drapeau pour combattre. Jamais les catholiques ne prendront pour chef M. Constans, ni pour programme son programme; jamais ils ne pourront accepter ni l'école sans Dieu pour la jeunesse, ni le service militaire obligatoire pour le clergé. Si ces deux lois impies, abominables, sont, comme le disent à l'envi M. Constans et M. Goblet, M. Dupuy et M. Clemenceau, les bases fondamentales et intangibles de la république, il n'y a qu'une chose à faire pour les catholiques; c'est de tâcher de renverser les bases et l'édifice avec (1).

Mais ce même discours de M. Constans servait de prétexte à *l'Observateur français* pour écrire sous ce titre significatif : *Désarmement* :

La politique qui s'impose à tous les catholiques convaincus et à tous les patriotes sincères est celle du désarmement. Lâcheté, diront ceux-ci. Trahison, crieront ceux-là. Lâcheté, pourquoi ? Est-ce une lâcheté de signer une paix honorable après avoir loyalement combattu ? A quoi servira de continuer une lutte stérile, dont les conséquences sont les persécutions contre nos prêtres et la haine contre nos croyances ?

Tout nous prêche la concorde : le péril imminent et l'accueil bienveillant de nos adversaires. *Du reste, ne fussions-nous pas conduits à clôre le combat par ces considérations plus ou moins intéressées, que la voix du grand Pontife Léon XIII y eût suffi. Il ne faut pas être plus royaliste que le roi, dit-on. Nous ne saurions être plus intransigeants que le Pape. La lutte est finie.*

Peu après, on lisait dans *le Matin* du 21 juin 1893 :

Grande émotion parmi les catholiques !
La cause de cette émotion est un article de *l'Ob-*

(1) *La Vérité*, 15 juin 1893.

servateur français, intitulé « Désarmement », qui conseille aux catholiques de renoncer à la lutte, de se contenter des promesses de tolérance et de pacification qui leur sont faites de plusieurs côtés...

Le propriétaire et rédacteur principal de ce journal est M. Denis Guibert ; or, M. Denis Guibert est le protégé de Mgr Thomas, archevêque de Rouen, un des derniers qui aient reçu la barrette et qui est à Rome en ce moment. M. Denis Guibert a toujours eu ses petites entrées à la nonciature, dont il a publié parfois des communications. De plus, il est membre du comité d'action du groupe Piou. Cet article de *l'Observateur français* a donc la portée d'un véritable manifeste, et M. Denis Guibert ne l'aurait certainement pas lancé, s'il n'était pas assuré d'être approuvé en haut lieu.

De là le désarroi des catholiques qui ne sont pas pour la politique du désarmement, du moins en ce qui concerne la législation. Mais ceux-là qui ont suivi docilement jusqu'à présent les instructions de Rome y viendront peu à peu. Il n'y aura que les monarchistes intransigeants qui maintiendront dans leur intégrité le programme des revendications catholiques.

La Vérité, pour ne rien envenimer, ajoutait :

Le Matin fait injure aussi bien à S. Em. le Cardinal Thomas qu'à M. Piou, en supposant que les idées de *l'Observateur français*, telles qu'elles sont exprimées dans l'article en cause, puissent rencontrer de ce côté quelque approbation.

Par ailleurs, *le Matin* se fait d'étranges illusions en parlant, à ce propos, de la « grande émotion » qui régnerait, de ce chef, parmi les catholiques. Cette émotion n'existe pas le moins du monde, par cette bonne raison qu'il est des propositions dont le simple exposé suffit à faire justice.

On ne pouvait douter en effet que *l'Observateur français* n'eût dépassé la pensée du Cardinal Thomas, son fondateur et son inspirateur. Encore est-il vrai, pour le dire en passant, que la politique du ralliement avait en ce prélat un de ses plus hauts patrons. A la distribution des prix du petit séminaire de Rouen, il prononça, en réponse au discours de l'un des professeurs, M. l'abbé Jouen, sur les luttes et les progrès de l'Eglise en France de 1830 à 1848, une allocution dans laquelle il rattachait la politique de Léon XIII à l'école de Lamennais :

> Le brillant orateur a fait passer sous nos yeux les nobles figures qui, dans le milieu de ce siècle, ont illustré la patrie autant que la religion. Quels noms que ceux de Lacordaire, Montalembert, Ravignan, Ozanam, Dupanloup, et d'autres encore, grands chrétiens, et vraiment grands Français, qu'on vous apprend ici à connaître et à aimer. Il me semblait les revoir dans le cadre des souvenirs de ma jeunesse, et entendre à nouveau leurs voix éloquentes, plaidant la

cause toujours attaquée, jamais vaincue, du Christ et de l'Eglise.

Il m'était doux de me rendre le témoignage d'avoir été leur disciple, et leur humble émule dans toutes les phases de mon existence. *Le temps, en effet, a ramené et justifié les conceptions et les espérances de ces précurseurs, de ces voyants de l'avenir.* L'œuvre de liberté, de justice, de paix, qu'ils avaient si généreusement commencée au milieu de tant d'incertitudes et de contradictions, voilà que le génie de Léon XIII l'a reprise avec une sagesse et une autorité souveraines. Pour ma part, je remercie Dieu de m'avoir ménagé, au soir de ma vie, la consolation de penser que, dans le service de l'Eglise et de la France, le coup d'œil de mes premiers maîtres et l'instinct de mon cœur ne s'étaient pas trompés (1).

Quant à *l'Observateur français*, il riposta triomphalement à ses contradicteurs en exhibant une approbation du Cardinal Rampolla, écrite dix jours après l'article incriminé :

Monsieur,

Le Saint Père a reçu l'adresse respectueuse que vous avez eu soin de lui faire parvenir, afin de vous associer aux manifestations d'allégresse filiale par lesquelles le monde catholique a célébré le jubilé épiscopal de Sa Sainteté. L'Auguste Pontife a gracieusement accueilli cette adresse, et a été très heu-

(1) Cité par *la Vérité* du 4 août 1893.

reux d'y trouver la confirmation des sentiments qui, déjà, vous avaient mérité sa bienveillance. *Sa Sainteté reconnaît, en effet, que, dès le principe, vous avez été très attentif à suivre la ligne de conduite tracée par le Saint-Siège aux catholiques français. Elle aime à espérer que vous continuerez à vous servir de votre talent d'écrivain pour exciter de plus en plus vos concitoyens à marcher dans la voie indiquée par les documents pontificaux.* Sa Sainteté a aussi la confiance que vous vous efforcerez de rester en bonne intelligence et en bons rapports avec les journalistes catholiques qui mettent au service de la cause pour laquelle vous combattez le même zèle et le même dévouement envers le Saint-Siège. Pour que votre œuvre obtienne plus facilement le succès, Sa Sainteté vous accorde de cœur sa bénédiction apostolique, et moi, heureux de vous la transmettre, je suis, Monsieur, avec une estime particulière,

   Votre affectionné serviteur.
    Cardinal Rampolla.

Rome, le 28 juin 1893.

Le Matin, qui apparemment suivait avec intérêt ce qui se passait chez les catholiques, publia quelques jours après l'article qu'on a vu, cette nouvelle information :

L'émotion que nous avons signalée chez les catholiques ne fait que s'accroître. La cause en est, non plus maintenant un article de *l'Observateur français*, organe plus ou moins dévoué de la nonciature, mais un article du *Moniteur de Rome*, organe officieux du Vatican.

On a remarqué que M. d'Haussonville a déclaré dans son discours que les monarchistes maintiendraient dans son entier le programme de revendications catholiques et qu'ils n'en sacrifieraient aucune. Naturellement il a eu sur ce point l'approbation des journaux religieux tels que *le Monde* et *la Vérité*, et même celle de *l'Univers*, qui, faisant ses réserves sur d'autres points, s'est déclaré d'accord avec lui sur celui-là.

Or, voici que *le Moniteur de Rome* fulmine contre M. d'Haussonville, et ce qu'il lui reproche, c'est précisément ce passage de son discours. « M. d'Haussonville, dit ce journal, combat *le Programme de M. Piou et des ralliés*. Ici la thèse du mandataire du Comte de Paris n'est pas seulement inconvenante, elle est dangereuse ; » et plus loin, établissant un parallèle entre M. Piou et M. d'Haussonville, il ajoute : « M. Piou s'inspire aux règles (*sic*) élémentaires de la stratégie ; M. d'Haussonville fait de la géométrie appliquée à la politique ; » et il termine en disant : « *Les catholiques suivront le Pape sur le terrain que le Saint-Siège a nettement indiqué et délimité.* »

On peut penser l'émoi causé par cet article : ainsi *l'Observateur français*, en prêchant le désarmement, aurait été l'interprète véritable de la pensée pontificale. Le Saint Père se contenterait du programme minimum, et les catholiques, après avoir accepté la constitution, devraient maintenant accepter aussi la législation, en se bornant à demander la tolérance dans l'application.

Que vont faire les catholiques?

Avec de tels principes, comment se comporteraient les ralliés dans l'action ?

Le plan devait consister d'abord à s'abstenir de demander aucune garantie aux candidats. C'est encore *le Moniteur de Rome* qui indique aux catholiques ce moyen commode d'échapper à toutes les difficultés de la bataille électorale. Ce serait à n'y pas croire, si on n'avait le texte sous les yeux :

Certains catholiques diront peut-être qu'il faut au moins exiger des candidats des promesses sur les lois scolaire et militaire. *Nous répondrons que si ces candidats sont catholiques, il est inutile de leur imposer un programme qui est le leur, et que, s'ils ne sont pas catholiques, il est imprudent de s'exposer à des malentendus.* Le jour où le jacobinisme sera vaincu, les lois seront virtuellement mortes et appliquées dans un autre esprit.

Les règles de la stratégie enseignent que, dans les luttes décisives, l'essentiel est de vaincre ; quand la bataille est gagnée, il est temps de songer à l'avenir... (1).

(1) Reproduit par *la Vérité*, 18 août 1893.

On peut penser que si les stratégistes du *Moniteur de Rome* avaient exposé leur programme à quelqu'une des écoles militaires de l'Europe, ils auraient en un beau succès de rire. Il est facile d'admettre que, dans les luttes décisives, — et même dans les autres, — l'essentiel est de vaincre. Du moins en est-il ainsi depuis le temps de La Palisse. Ce qui est moins facile à admettre, ce qui ne l'est même pas du tout, c'est que, pour vaincre, il ne faille pas d'objectif de combat, bien plus, qu'il faille d'abord capituler.

Et voilà le plan d'opération qu'on imposait impunément au nom du Pape ; voilà, chose plus grave encore, celui qu'on est parvenu à faire prévaloir en son nom, auquel la grande masse du clergé et des fidèles s'est ralliée *par esprit d'obéissance ;* et ceux qui n'ont pas voulu l'accepter sont devenus réfractaires à l'autorité pontificale.

La Vérité était naturellement en belle place parmi eux. Mais aujourd'hui il doit être permis de dire qu'elle appréciait avec exactitude cette nouvelle tactique et ses conséquences, en disant, à la veille du scrutin de 1893, par la plume de M. Arthur Loth :

Une dernière fois avant les élections, il faudrait se

demander sincèrement si l'on veut, oui ou non, la paix, nous ne disons pas avec la forme gouvernementale, mais avec le régime républicain actuel.

Si l'on veut la paix, la paix à tout prix, soit par lassitude de la lutte, soit par illusion sur les avantages d'une politique de conciliation, soit par intérêt personnel, il n'est pas besoin de s'arrêter à des scrupules de conscience, ni d'hésiter sur le parti à prendre : il n'y a qu'à se ranger autour du *programme minimum* et voter de confiance pour tous ceux qui voudront bien promettre de ne pas dévorer tout de suite le budget des cultes et les curés. Il n'en manquera pas de ces Grammont auxquels on pourra donner sa voix (1).

Mais si, après les élections, on veut continuer la lutte, non seulement pour empêcher les dernières destructions religieuses, mais pour essayer de reprendre ce que les lois de persécution nous ont déjà ôté, il faut adopter une autre conduite. Ce n'est plus de conciliation ni d'opportunisme qu'il peut-être question. Et le *programme du minimum* n'a plus rien à faire.

(1) Le duc de Grammont, candidat à Bayonne, se désista en faveur du protégé des francs-maçons contre M. l'abbé Diharassary. La *Semaine religieuse* de Bayonne disait, à l'annonce de ce désistement : « M. le duc de Grammont se présentait
« comme républicain rallié nuance Piou; il le faisait sous les
« auspices de M. Louis Etcheverry, député sortant de Mauléon.
« Un rallié, quel que soit le minimum de programme auquel l'es-
« prit de concession le réduise, ne peut donner la main au can-
« didat officiel des ministres qui persécutent l'Eglise, au candi-
« dat que les francs-maçons du pays auront contre lui à choisir
« et qu'ils soutiendront. » (*La Vérité*, 8 août 1893.)

Que les catholiques restent en minorité aux prochaines élections, personne n'en doute. Les raisons de cet insuccès sont multiples. Et la première, c'est que, pour vaincre, il faut combattre, que, pour combattre, il faut avoir une organisation, que, pour avoir une organisation, il faut être un parti, et que, pour être un parti, il faut avoir le courage, le désintéressement et le zèle.

Or, tout cela nous manque en ce moment et depuis longtemps.

Le succès serait un de ces miracles que Dieu ne fait pas sans la volonté et le concours des hommes. Nous ne l'aurons pas.

L'important, pour l'avenir, c'est que les élections du 20 août ne se fassent pas sur un programme d'abdication.

Que nous resterait-il, en effet, après la défaite, si nous nous étions retiré le droit et les moyens de recommencer la lutte ?

Avec le *programme du minimum*, nous nous livrons d'avance aux vainqueurs. Même vaincus, nous pouvons rester des combattants, si nous maintenons fermement nos positions ; en livrant ce que nous devrions défendre, nous ne sommes plus que des prisonniers. Si les prochaines élections se font sur cette convention que les catholiques acceptent, provisoirement ou non, les lois dont les chefs du parti républicain disent à l'envi qu'elles sont les lois nécessaires à la République, c'en sera fait à jamais, avec le régime actuel, de la réaction contre ces lois.

A quelque titre que nous les acceptions, nous

aurons même perdu le droit de protester contre. Et le bel avantage d'avoir à la prochaine Chambre une minorité de deux cents minimistes qui auront réussi à se faire élire députés parce qu'ils auront fait croire qu'ils acceptaient désormais, avec quelques tempéraments de forme, les lois d'athéisme scolaire, domestique et militaire ! Que feront-ils, ceux-là, avec leur programme ? Quelle attitude prendront-ils ? Quelle action exerceront-ils ? D'avance ils se seront engagés à ne pas attaquer ces lois dites fondamentales, et que leurs auteurs ont incorporées moralement dans la Constitution. Elus, ils sont donc condamnés, en vertu de leur propre programme, à reconnaître ces lois scélérates, qui sont la ruine de la religion et la honte du pays. S'ils s'avisaient, par mégarde ou par entraînement, de les combattre, on leur rappellerait leurs engagements, leur programme, leurs électeurs. On les réduirait au silence, on les retiendrait dans la majorité des fauteurs et des approbateurs de ces lois.

Ne vaudrait-il pas mieux un petit groupe de députés nommés pour combattre ces abominables lois, et prêts à les attaquer énergiquement, à toute occasion que cette grosse minorité de deux cents muets ou complaisants, condamnés à les laisser passer ? Et que ne feraient pas ces dix hommes d'action décidés à livrer une guerre acharnée à l'athéisme républicain, à ses lois, à ses projets ? Oh ! la belle bataille que ces vaillants livreraient pour la foi et pour la patrie contre les sectaires du pouvoir ! Et comme l'opinion, éclairée et ravivée par ces luttes quotidiennes, reviendrait à eux et finirait par imposer au gouvernement la paix religieuse, la paix publique, non pas cette fausse paix des minimistes, qui ne sera que le silence dans l'abdication ; mais la paix comme en Irlande, comme en Belgique, comme en Allemagne, par la reconnaissance des droits des catholiques ! A nous de voir ce que nous aimons le mieux, de cette paix-là ou de l'autre (1).

Le lecteur ne me reprochera pas, j'en suis sûr, de reproduire aussi le bel et vigoureux article dans lequel M. Jules Delahaye, qualifié pour parler au nom des vaillants, faisait écho à M. Arthur Loth et traçait le rôle de l'opposition dans la nouvelle Chambre. Sur ce thème : que fera la majorité ? que fera la minorité ? il pronostique avec une parfaite justesse l'avenir de l'opposition parlementaire :

Que fera la majorité ?

Nous le savons déjà ; elle suivra la loi de sa méchante nature, qui la précipite vers la guerre civile.

Il n'existe pas, au milieu d'elle, l'homme à l'esprit élevé, au grand cœur, qui, la dominant par son talent, son courage, ses services, puisse lui imposer la générosité patriotique, qui pendant plusieurs semaines a reconcilié le peuple français autour des ambassadeurs du peuple russe.

(1) *La Vérité*, 18 août 1893.

Il ne se lèvera pas du milieu d'eux, l'orateur assez hardi, assez fort pour élargir ces crânes déprimés par l'esprit de secte, et pour y faire pénétrer cette grande idée d'homme d'Etat et de poète, du czar Alexandre III et de Jean Aicard :

> Le cœur Gaulois et l'âme slave
> N'ont, pour qui les pénètre bien,
> Qu'un même rêve tendre et grave :
> Le triomphe du droit chrétien !

C'est trop beau, c'est trop large, c'est trop désintéressé pour eux.

Pendant que toutes les nations d'Europe se prépareront, en resserrant l'union de tous leurs fils, à la terrible bataille où sera trempé le nouveau siècle qui approche, ils travailleront à séparer l'Eglise de l'Etat, c'est-à-dire à couper la France en deux.

Ils achèveront la ruine et la dispersion des chrétiens français, qui ne font pas d'autre mal que de prier en commun le Dieu devant lequel ils se sont eux-mêmes courbés pour complaire à des hôtes étrangers, à de simples alliés.

Ils traqueront le catholicisme et traiteront avec le socialisme.

Hélas ! il en est, sur les bancs de la droite, qui prétendent que c'est l'heure de « se réserver » de modérer encore la vieille ardeur de l'opposition.

Ce sont, paraît-il, nos plus profonds politiques, les « hommes nouveaux », la réserve de l'avenir.

J'ose à peine n'être pas de leur avis.

Mais, jeune fou que je suis, je ne puis retenir l'expression de mes pressentiments.

Ils seront plus de deux cents à demander la suppression des congrégations religieuses, à ricaner de vos croyances, à outrager votre foi.

Si, suivant une tactique souvent recommandée dans les couloirs, ce n'est pas quelqu'un des vôtres, ralliés ou monarchistes, qui soutient cet assaut, si, vous contentant de voter, vous laissez au gouvernement l'honneur de défendre le droit de Dieu, le « droit chrétien », la France catholique finira par dire :

Les vrais protecteurs de la religion sont les ministres de la République.

A quoi sert la minorité conservatrice ?

Il y aura cinquante *socialistes* qui ne défailliront pas à leur tâche d'opposition ; car ils savent haïr, eux, faire des enquêtes, prendre leurs ennemis corps à corps.

Ils seront audacieux, courageux ; car ils n'oublient pas que c'est l'audace et le courage qui, en France, donnent la popularité, dont ils ont besoin pour croître en nombre et en puissance.

Les remèdes qu'ils proposeront seront déraisonnables, chimériques, mais leur critique sera souvent juste, toujours sanglante.

Si vous leur laissez ce mérite, si vous n'avez pas l'ambition de le leur disputer, si vous fuyez encore cette bagarre, ralliés ou monarchistes, sous prétexte qu'il est plus habile de laisser ses ennemis se dévorer entre eux ; s'il n'y a plus au Parlement, que les socialistes à fouailler la corruption, l'usure, le vol, l'égoïsme, la concussion, la tyrannie, la France honnête, n'ayant plus que les socialistes à applaudir, finira par dire :

Ce n'est plus à droite qu'est l'opposition, c'est à l'extrême gauche.

A quoi sert la minorité conservatrice ?

Mais les socialistes ne menaceront point que le pouvoir et les vices de la majorité, ils déclareront aussi la guerre à l'ordre social.

Et alors, ardents aux représailles, n'ayant plus que ce moyen de démontrer l'utilité de leur pouvoir, dix orateurs du centre, habiles, éloquents, monteront à la tribune pour défendre la propriété, l'héritage, l'usine, la terre, le capital et le revenu, tout ce que les conservateurs tiennent le plus à garder.

Si ce n'est pas vous, ralliés ou monarchistes, qui, dans cette lutte acharnée, demeurez au premier rang, non seulement par l'énergie et le talent, mais aussi par l'abnégation et la clairvoyance de l'avenir, vous entendrez la France conservatrice dire à son tour : « C'est sur les bancs de la majorité que sont maintenant les vrais conservateurs.

A quoi sert donc la minorité conservatrice ? »

Telles sont mes craintes, et voilà pourquoi je dis pour conclure :

La minorité conservatrice sera menaçante, ou elle disparaîtra.

L'opposition sera militante, ou elle ne sera plus.

Ils sont encore quatre-vingt dix ralliés ou monarchistes.

Si, sur ce nombre, il n'y en a pas au moins cinq

ou six capables de risquer leur réputation, leur peau ; et si les autres n'apprennent pas de leurs adversaires la solidarité, la discipline dans l'attaque comme dans la défense ; si, comme l'a écrit avant-hier M. Ernest Daudet, les membres de la Droite, soit républicaine, soit monarchiste, sont vraiment « animés d'un vif désir de ne pas se différencier de la majorité, et même de s'y fondre toutes les fois qu'ils en auront la possibilité », la coupe que fera parmi eux, dans quatre ans, le suffrage universel, qui, déçu, fait souvent payer les innocents pour les coupables, sera encore plus sombre que celle de 1893 (1).

La vérité politique et historique enseignait donc clairement que si le petit groupe parlementaire de l'opposition catholique voulait agir efficacement et obtenir le même succès que le Centre allemand, ce Centre dont les ralliés invoquaient tous les jours l'exemple, en en prenant le contrepied, — il devait, comme lui, être chaque jour sur la brèche, et ne pas craindre, par peur d'un échec immédiat, de faire et de renouveler sans cesse des motions visant le retrait des lois de persécution.

Mais, à l'encontre de cette tactique dont le Centre avait une fois de plus montré la valeur, les prétendues directions pontificales conseil-

(1) *Le Gaulois*, 20 novembre 1893.

laient avec instance la politique du silence. Voici le motif extravagant qu'en donnait le correspondant parisien du *Moniteur de Rome* :

« *Ni le jugement du Saint-Père, ni celui de
« notre épiscopat au sujet des lois oppressives
« n'ont besoin d'être proclamés ou accentués à
« nouveau ; ils sont connus*. L'important est de ne
« pas embarrasser tout l'avenir, pour n'aboutir dans
« le présent qu'à procurer à ces lois elles-mêmes une
« confirmation de plus. »

Sur quoi, *la Vérité* faisait ces réflexions topiques :

Dans le même ordre d'idées, si l'on appliquait ce beau raisonnement à la question romaine, il faudrait donc que le Souverain Pontife s'asbtînt de renouveler, comme il le fait chaque année, les protestations contre la spoliation du Saint-Siège. Ne pourrait-on pas dire aussi bien que, là dessus, le jugement du Pape et celui des catholiques du monde entier sont connus et que le gouvernement italien ne doit pas devenir plus conciliant par le fait de ces protestations réitérées ?

Et cependant, qui ne peut, dès maintenant, apprécier les résultats de cette attitude? Troublée, malgré tout, par ces revendications incessantes du droit, l'Italie révolutionnaire a cru faire merveille en cherchant dans la Triple Alliance le moyen de s'assurer pour jamais la tranquille possession des domaines volés au Pape et voici qu'après plusieurs années de mégalomanie, l'Italie, aux abois, ruinée jusqu'à la corde, avoue publiquement des embarras dont M. Crispi déclare qu'elle ne se pourra tirer que par une guerre, plus désastreuse encore. N'est-ce donc rien que ce fruit, même longtemps attendu, des protestations pontificales dont, au début, les Italianisistes affectaient de rire ? *Le Moniteur de Rome* est pourtant mieux placé que personne pour s'en rendre compte. (*Auguste Roussel*.) (1).

On trouvera, dans une correspondance publiée avec empressement par le même *Moniteur*, quelques mois plus tard, le vrai sens et l'application du programme minimum clairement exposés. On demeure stupéfait de penser que de pareilles énormités aient pu se produire avec un retentissement quotidien sans être redressées, si ce n'est par les organes *réfractaires*, dont la protestation isolée et suspecte ne faisait que leur apporter un confirmatur aux yeux des ralliés et de la foule. L'Encyclique devenue une consigne de silence sur les questions religieuses !

On remarquera en même temps la distinction dès lors insinuée entre francs-maçons et francs-maçons, le danger des élections trop catholiques. Les excès de M. l'abbé Dabry et du Sillon sont

(1) *La Vérité*, 16 septembre 1893.

là en germe. Quand l'un protestera contre l'exclusion indistincte de tout franc-maçon par les catholiques, quand l'autre expliquera que le pire désastre serait de voter pour les meilleurs catholiques (1), ils seront encore dans la logique du programme minimum.

Voici cette correspondance :

L'élection de M. Casimir-Périer est le triomphe des modérés et des conciliateurs et présage aux catholiques de meilleurs jours, s'ils savent être patients et discrets sans cesser d'être prévoyants et actifs. *Personne ne peut douter que M. Casimir-Périer ne soit un partisan convaincu de la paix religieuse.*

Seulement, nous ne devons pas oublier qu'il manque encore de bien des éléments nécessaires au succès complet de sa politique, et que trop de précipitation pourrait la compromettre. La majorité même qui l'a élu comprend une partie notable d'indécis, que hante encore, à leurs mauvaises heures, le spectre clérical et qui, en s'unissant à l'extrême-gauche et, s'il en était besoin, aux fanatiques de la droite, pourraient lui faire échec.

Ne croyez-vous pas que les catholiques doivent se garder, par des revendications prématurées, de leur en fournir l'occasion, en provoquant des conflits qui mettraient le gouvernement dans l'alternative de tomber devant l'extrême-gauche ou de lui

(1) *Les Erreurs du Sillon*, par M. l'abbé Barbier, 3ᵉ partie, chap. 2.

donner satisfaction aux dépens du clergé ? Bien des mesures d'apaisement peuvent être prises sans éclat, sans susciter d'ombrages, par voie administrative, *mais à moins d'y être absolument contraint, je crois qu'il est d'une sage politique d'éviter au Parlement les débats sur la question religieuse.* Dans la situation qui lui est faite actuellement, le gouvernement, alors même qu'il en aurait la volonté et le courage, ne pourrait pas abroger, ni même peut-être faire atténuer par le Parlement certaines lois dont les catholiques se plaignent avec raison.

On ne peut que lui demander d'en adoucir l'application. Sa grande tâche, actuellement, est d'encourager et d'aider ce retour de l'opinion à la tolérance, qui est le premier fruit de la politique pontificale.

Mais cette tâche demande du temps, de la patience, de la discrétion, car cette tendance à l'apaisement et à la justice n'a pas détruit, il s'en faut, toutes les défiances et tous les ombrages *que les ennemis de l'Eglise et, il faut bien le dire, ses amis maladroits, ont suscités dans bien des esprits,* et rien ne serait plus facile que de les y réveiller.

Accordons donc au gouvernement le crédit dont il a besoin, ne lui demandons point ce qui serait désirable, juste, mais impossible. Il n'y a pas d'homme politique, de si bonne volonté qu'on le suppose, qui puisse nous ramener instantanément de la situation, où nous étions encore il y a quelques mois à peine, au règne d'une parfaite justice et d'une parfaite liberté.

Le grand péril des catholiques, c'est de ne pas

avoir la patience qu'exige d'eux une transition nécessaire et laborieuse. Leur grande, leur unique préoccupation, doit être de préparer aux prochaines élections l'avènement des modérés, et quand l'heure sera venue d'y contribuer par leur vote. Pour cela, ils auront à renoncer à une tactique qui a prévalu en bien des collèges électoraux et n'a pas peu contribué à ruiner l'influence des conservateurs. *Je veux parler de leur obstination à présenter certains candidats excellents peut-être, mais qui n'avaient aucune chance d'être élus.* Rien n'est plus funeste, dans un pays où l'on ne compte avec un parti que dans la mesure où il contribue au triomphe électoral. Des milliers et des millions de voix y sont absolument sans influence politique, si elles ne peuvent revendiquer une part dans l'élection des candidats.

Aussi les conservateurs ne sauraient trop s'habituer à cette idée que leur conscience ne leur impose en aucune manière de voter pour le candidat idéal et sans reproche, mais pour *le meilleur des possibles.* En nombre de circonscriptions, les conservateurs, et les catholiques en particulier, ont été les dupes de cette illusion. Ils cherchaient un candidat qui acceptât toutes leurs conditions et leur fît toutes les promesses, mais dont le succès était impossible.

L'évocation de cette candidature avait pour effet d'opérer la concentration des républicains, et le plus souvent au profit des radicaux. *Dans ces circonstances, n'eût-il pas été plus sage et plus utile à la cause de porter nos voix au candidat républicain le plus modéré, en dépit de ses lacunes?* C'était un succès relatif puisqu'en somme il valait mieux que son concurrent — et qu'en assurant son succès nous encouragions sa tendance à la modération, et le forcions à compter avec nous. *Les sectaires existent, mais ils sont rares*, et beaucoup de modérés le seraient plus fermement, s'ils étaient assurés, au jour de l'élection, de trouver leur appoint à droite, au lieu d'être obligés de le demander aux radicaux. C'est transiger avec la lâcheté, s'écrient les purs — et ils ne comprennent pas que la plus pauvre des politiques est celle qui ne veut pas compter avec la faiblesse humaine.

Les derniers événements nous ont appris quel avantage il y avait pour les catholiques, là où ils ne pouvaient pas triompher eux-mêmes, à supplanter un radical pour assurer le succès d'un centre gauche et même d'un opportuniste.

L'art si nécessaire de discerner entre ses adversaires manque trop à certains catholiques, qui s'en vont répétant partout; ils se valent tous. Rien n'est plus faux que ce jugement sommaire. La vérité est que beaucoup de ceux qui nous ont combattus en ces dernières années tendent à se rapprocher de nous et surtout sentent le besoin d'un apaisement; seulement, il faut ménager les transitions, et *avant de leur imposer des conditions qui les séparent de leur queue,* pour me servir de l'expression vulgaire, *il faut leur assurer de notre côté un appoint électoral qui les dédommage* et ne les contraigne pas à un sacrifice héroïque dont ils ne sont pas capables.

Voilà quelques-unes des idées que nous échangeons bien souvent ici ; ce sont celles que vous soutenez avec tant de prudence et de fermeté dans *le Moniteur de Rome. Elles nous ont été inspirées, à vous comme à nous, par les instructions de Léon XIII,* qui nous ont arrachés à une opposition inintelligente et stérile, pour une action féconde, dont la France chrétienne commence à recueillir les premiers fruits (1).

Les organes attitrés du Ralliement ne montraient pas tous autant d'impudence que *le Moniteur de Rome.* Cependant l'idée de M. Piou avait fait son chemin. La forme du conseil

---

(1) Reproduit par *la Vérité* du 15 juillet 1894. — Il n'entre pas dans notre plan de raconter en détail comment ce plan fut appliqué. Pour n'en citer qu'un trait relatif aux dernières élections, on lit dans *le Bloc catholique* (juillet 1906) :

« Cueille-t-on des raisins sur des épines, ou des figues sur des ronces ? » dit l'Evangile. On jugerait cependant que l'Action Libérale a voulu donner un démenti à cette parole. En fondant ce qu'elle appelle le parti des honnêtes gens, elle a donné un facile accès, en son sein, aux libres-penseurs, aux protestants, voire même aux francs-maçons. Tout le monde a encore présente à la mémoire cette extraordinaire alliance de *la Croix* et de *la Petite Gironde,* à Bordeaux. Deux ou trois catholiques, et combien pâles ! admis à figurer sur une liste de candidats, dont la simple énumération suffirait pour faire vibrer d'aise toutes les casseroles de la rue Cadet, voilà ce qui l'avait motivée. Veut-on autre chose ? Un député de notre connaissance, des meilleurs, de ceux qui votent le mieux, avait comme hommes de confiance, pendant sa dernière campagne électorale, des francs-maçons notoirement connus tels. Il trouvait cela très habile, paraît-il. Le pauvre ! il a été payé de sa confiance par une défaite caractérisée. (P. Caron.)

variait, mais le programme minimum restait la base des combinaisons.

D'autres déployaient toutes les habiletés du langage pour le rendre acceptable, ou inventaient des arguments. On peut citer, comme admirable en ce genre, la trouvaille de M. Pierre Veuillot, imaginant de donner à croire aux catholiques que les socialistes devaient leurs progrès à une exemplaire domesticité ministérielle. Ah oui! si l'opposition catholique avait imité les socialistes !...

Le 24 mai 1895, au moment où l'on présageait la chute du cabinet Bourgeois, M. Pierre Veuillot écrivait cet article, dont le vrai titre aurait dû être: une gageure, et qu'il intitulait : *un exemple.*

Que va-t-il advenir du ministère? Il est difficile de le prévoir. Les feuilles radicales paraissent croire à son triomphe. Les journaux socialistes, plus affirmatifs encore, n'admettent même pas qu'on puisse douter de sa victoire complète sur la commission du budget. Ils ne négligent pourtant point leur précaution ordinaire, et menacent la Chambre de soulever l'indignation des masses contre elle, si, par hasard, elle refusait de suivre plus longtemps avec docilité M. Bourgeois. — Mais, nous en sommes sûrs, disent-ils, la majorité se gardera bien de s'insurger.

Quel zèle, depuis cinq mois bientôt, les socialistes déploient pour le ministère !

Il ne s'est pas recruté dans leurs rangs ; son programme, loin d'aller jusqu'à l'application des théories collectivistes, n'avance, d'un pas circonspect, que jusqu'à mi-chemin des doctrines radicales ; en ses discours, dès son début et à maintes reprises, il s'est très nettement séparé du parti que gouvernent les Jaurès, les Millerand et les Guesde ; il a répudié hautement leurs principes. N'importe, il constitue, sur les ministères précédents, un petit progrès dans la voie au bout de laquelle, bien loin, les socialistes veulent conduire le pays. C'en est assez pour eux ; ils le soutiennent avec passion.

D'abord, on avait cru qu'ils ne pourraient garder longtemps cette attitude nouvelle, si peu conforme à leurs moyens. Ce ne devait être que l'affaire de quatre ou cinq semaines. Le temps passe, et les socialistes se montrent plus enragés ministériels que jamais.

Ont-ils, pour cela, cessé d'être eux-mêmes ? Paraissent-ils avoir abandonné un article de leur programme ? Point du tout. Ils continuent de former un parti très distinct, ayant ses chefs, ses lois et son but. Leur organisation, à la Chambre et dans le pays, demeure intacte. Leur propagande n'a certes rien perdu de sa netteté, de son entrain. Ils manœuvrent au Parlement, avec les radicaux, mais sans recevoir d'eux le mot d'ordre, sans que rien permette de croire qu'ils pourraient finir, à la longue, par se laisser absorber, ni même inféoder. Ils sont toujours socialistes, uniquement socialistes, et ne travaillent que pour le socialisme.

Cette alliance qui se cramponne, cet apport tenace de leurs services qu'ils imposent au ministère, les ont-ils diminués dans l'opinion ?

Qui donc voudrait le soutenir ? Sans qu'on puisse les accuser d'avoir renoncé à une seule de leurs revendications, ils se sont rapprochés du gouvernail, ils influent déjà sur la marche du bâtiment. Loin d'avoir perdu quelque chose de leur action et de leur indépendance, ils sont devenus indispensables au ministère, et c'est lui qui dépend d'eux.

Comparez leur situation d'il y a cinq mois à leur situation d'à présent ; n'ont-ils pas réalisé un progrès considérable ?

Ce qu'ils font, c'est ce que nous aurions déjà pu faire, si tous les catholiques s'étaient soumis, avec loyauté, ardeur et persévérance, aux prescriptions pontificales ; c'est ce que nous ne devons pas manquer de faire, quand l'occasion se représentera. Ne récriminons plus sur le passé, mais n'oublions point ses leçons et profitons aussi de l'exemple que nous donnent les socialistes. Restons nous-mêmes, ayons notre organisation, notre action, n'abandonnons aucune de nos revendications. Il faut qu'il y ait toujours, hautement déployé, un drapeau catholique, et une armée autonome rangée sous ce drapeau. Seulement, ne perdons pas de vue ce que les circonstances commandent ; reconnaissons que nous aurons besoin, longtemps encore, d'alliés. Si donc un ministère se constitue, voulant un peu la pacification, désireux, même très timidement, de montrer vis-à-vis de l'Eglise un esprit nouveau, soyons pour lui ce que sont les socialistes pour le ministère radical. Imposons lui notre concours, notre protection. Ne le lâchons pas. Il en sera gêné d'abord, heureux peut-être ensuite. Laissons-le dire qu'il n'a rien de commun avec nous, et travaillons à devenir l'appoint nécessaire à sa majorité. C'est le moyen, nous en avons désormais la preuve, d'acquérir de l'influence et de grandir en considération, à la Chambre et dans le pays.

M. Pierre Veuillot n'a rien vu de l'opiniâtreté des socialistes à étaler leurs revendications *opportuné importuné*, de leur constance à harceler le gouvernement. Une seule chose est à retenir : ils votent pour le ministère. Parbleu ! M. Pierre Veuillot ne faisait même peut-être pas attention à ce que son père écrivait dans le même journal en même temps que lui :

Cet état de choses favorise nécessairement les socialistes. L'abaissement continu de toutes les fractions du vieux parti républicain les fait surgir ; tout en restant à leur niveau, ils dominent. Ils sont cinquante dans la Chambre et c'est de ce petit groupe si mêlé, où les doctrinaires touchent aux voyous, que maintenant dépend le pouvoir. M. Bourgeois ne peut rester que par leur appui. Il leur a déjà beaucoup promis en se réservant pour sûr de peu leur donner, il leur promettra davantage encore et finira par leur concéder beaucoup. C'est par eux qu'il vit, et c'est par eux aussi que son honneur comme homme public sera perdu.

Il est probable que, pour les faire patienter, il se tournera de plus en plus contre les catholiques. Songeons donc à l'aggravation de la lutte, et soyons prêts à la bien soutenir (23 février).

Le clou ne pouvait donc être planté plus à faux. Mais comme s'il entrait en plein bois, M. Desgrées du Loû, un enthousiaste de M. Piou (1), vint frapper dessus à coups retentissants. Sous ce titre : *une tactique nécessaire*, il exposa dans un grand article les avantages du programme minimum et son absolue sagesse :

L'autre jour, l'on exprimait ici, en excellents termes, cette opinion : les catholiques, disait M. Pierre Veuillot, feraient sagement de régler leur conduite sur celle du parti socialiste qui, sans ralentir sa propagande en dehors du Parlement, mais sans demander non plus au cabinet Bourgeois plus qu'il ne peut donner, sans même lui imposer précisément un minimum de revendications révolutionnaires, soutient cependant, avec une fidélité et une énergie croissantes, la politique ministérielle.

(1) Aujourd'hui directeur de *l'Ouest-Éclair*, grand journal rallié.

Et pourquoi cet appui prêté au cabinet actuel par des hommes que l'on en croyait incapables ?

Pour cette raison très compréhensible que MM. Bourgeois, Doumer et consorts, par leur seule présence au pouvoir, familiarisent le pays avec l'extrême gauche, et sans doute aussi parce qu'il y a, entre le parti collectiviste et les radicaux, comme un contrat tacite, aux termes duquel le gouvernement se montrera tolérant à l'égard des « œuvres » et des propagandistes révolutionnaires.

Ce que font les socialistes pour le parti radical, je dis nettement et sans ambages que les catholiques devraient le faire pour le parti républicain modéré.

Vouloir imposer ouvertement, comme le prix d'une alliance, à des hommes de la nuance de MM. Barthou ou Poincarré, certaines conditions touchant les lois « scélérates » ; vouloir obtenir d'un ministère opportuniste des engagements officiels, connus du public, des déclarations formelles sur tel ou tel point de nos revendications religieuses, c'est chercher l'impossible. Les représentants de la liberté de conscience, telle que nous l'entendons, ne sont pas assez nombreux au Parlement et, de plus, les protestations d'adhésion qu'ils pourraient émettre, en faveur de la constitution *républicaine*, seraient de date trop récente pour qu'il leur fût loisible de conclure avec une importante fraction du parti *républicain* un pacte de cette nature.

Non. Une entente semblable ne peut être que tacite, car il ne faut pas exposer un ministère modéré, obligé de s'appuyer, pour vivre, sur le centre et sur une partie de la gauche, à des attaques trop fréquentes, conduites par les radicaux et les socialistes, au nom de la vieille tradition anticléricale. Ce serait du même coup forcer le gouvernement à donner à la secte de nouveaux gages, d'abord par des paroles qui, quoi qu'on en dise, ont toujours dans la masse de la nation une répercussion malheureuse, ensuite par des actes qui viendraient apporter à ces paroles une confirmation.

A quoi bon nous bercer d'illusions? Sachons voir le côté positif et réel des situations; sachons comprendre enfin les premiers principes, les données élémentaires de la politique pratique.

Les catholiques français ne sont pas organisés, car il n'y a pas d'organisation sans programme et, dans les circonstances présentes, un programme, pour être complet, doit mentionner quelque chose de plus que des questions religieuses. Or, si vous interrogez successivement dix catholiques au sujet de cette question sociale qui agite les masses populaires et revient sans cesse alimenter les discussions de la Chambre et du Sénat, vous n'êtes pas sans savoir que ceux d'entre eux qui vous répondront ne parleront pas dans le même sens. Combien seront-ils qui pourront vous dire : « J'ai lu l'Encyclique *Rerum novarum* dans son texte intégral ? »

Quand on en est venu là, on n'a pas le droit de se croire le soldat d'un parti. A peine peut-on se prétendre le soldat d'un groupe. Et, dans ces conditions, je me permettrai d'affirmer que nous sommes encore trop faibles pour essayer de contracter avec les républicains de vieille date une alliance officielle et publique.

Il faut, jusqu'à nouvel ordre, nous contenter de peu et si, quelque jour, un ministère modéré prend la direction des affaires du pays et consent à ne pas entraver notre action sociale, à respecter nos œuvres ; si, de plus, dans l'application des lois existantes que nous déplorons à bon droit, il apporte une certaine mollesse et nous fait espérer certaines transactions ; s'il manifeste enfin sa volonté d'empêcher le désordre, d'enrayer la révolution, de faire de la République un gouvernement régulier et pacifiquement réformateur au point de vue social ; nous devons lui prêter notre concours, lui faciliter sa tâche.

Mais encore faut-il en prendre les moyens ; ne pas soulever au Parlement des questions intempestives, éviter dans les débats des deux Chambres les sujets irritants qui placeraient, comme je l'ai dit, ce gouvernement de conciliation silencieuse dans une situation trop difficile à l'égard des fractions avancées de la gauche et l'obligerait à nous « lâcher ».

Et si nos représentants se montrent prudents, les divers groupes catholiques du pays tout entier doivent les imiter. Apprenons à modérer nos impatiences, mettons à nos rancunes une sourdine et tâchons d'obtenir de nos journaux qu'ils ne créent pas autour des cercles parlementaires, cette atmosphère morale qui surexcite les passions, paralyse les bonnes volontés secrètes des républicains tolérants et, sous prétexte d'intransigeance dans les principes, empêche tout progrès sensible dans les faits.

Il faudrait, en un mot, que, quand un ministre comme M. Spuller essaie timidement d'acclimater dans certaines sphères la plante exotique de « l'esprit nouveau », puis, ayant présenté l'objet, s'aperçoit qu'il est nécessaire de l'enguirlander, il faudrait, ô mes frères les catholiques! rassembler dans nos intelligences tout ce que nous pouvons y posséder de sens politique éparpillé et ne pas exiger tout d'un coup, des disciples de Gambetta, qu'ils gravissent pieds nus et la corde au cou, en procession solennelle et réparatrice, la butte de Montmartre.

Alors c'est une abdication que vous demandez?...

Pas le moins du monde. J'exprime simplement ce vœu qu'au lieu de s'enivrer de polémiques violentes et de grandes phrases que nous connaissons par cœur depuis vingt ans qu'elles n'ont rien produit, les catholiques s'habituent enfin à la tactique véritable et cessent de nourrir ce rêve enfantin de regagner en un jour le terrain perdu. Nous ne sommes pas encore assez saints pour faire des miracles de cette importance.

— Mais nous n'aurons plus qu'à nous croiser les bras?...

Mon Dieu! beaucoup d'entre nous continueraient ainsi de garder une attitude qui leur est habituelle, et il semble tout d'abord qu'il serait suffisant, dans l'intérêt de la cause, de décider ces braves gens à moins abuser de la langue; car s'ils sont immobiles, ils sont également bavards, et je crois bien que la confrérie des bras croisés, puisque c'est ainsi qu'on la nomme, a juré de nous donner le change en nous assourdissant de ses cris de guerre.

Si, cependant, nous pouvions convertir ces inertes, cela vaudrait mieux, j'en conviens.

La stratégie que j'ai tenté de définir nous permettra, en effet, d'attacher moins de prix aux amplifications des ténors du journalisme tapageur, de perdre moins de temps dans de vaines disputes sur les mérites respectifs de chacun de ces messieurs et d'en consacrer davantage à la bonne besogne fatigante, ennuyeuse parfois, mais toujours méritoire et féconde, des œuvres économiques et sociales qui nous feront aimer du peuple et nous prépareront ainsi les revanches électorales de l'avenir.

Nous parlerons moins haut, mais nous agirons plus efficacement ; nos congrès seront moins oratoires, mais ils seront plus pratiques et peut-être arriverons-nous alors, par la consultation directe et quotidienne du peuple chrétien, à pouvoir condenser enfin ce programme dont on cherche depuis si longtemps la formule et qui, en groupant les intelligences et les cœurs sur un même faisceau d'idées, dirigera du même coup toutes les volontés vers un but commun.

Cette politique, je le sais bien, n'est pas du goût de tout le monde.

Elle ne plaît pas à ceux qui aiment la mise en scène et la déclamation bruyante. Qu'importe ! si les esprits sensés l'approuvent.

La nouvelle victoire du cabinet Bourgeois me paraît, d'ailleurs, devoir éclairer les plus aveugles, car elle est significative.

Aujourd'hui, plus que jamais, les défenseurs de l'ordre, garantie nécessaire de la justice et du progrès, sont moralement obligés de s'unir en vue des intérêts supérieurs qui se débattent et de remettre au second plan les préoccupations particulières, si légitimes soient-elles. J'oserai même aller plus loin. Il ne s'agit plus, en définitive, de savoir si les gouvernants de demain et leur majorité consentiront à abroger d'un trait de plume la loi scolaire, la loi militaire, la loi du divorce, la loi des fabriques et la loi d'abonnement. Il s'agit de savoir si la Révolution sociale est prochaine, si la guerre civile et la guerre étrangère ne sont pas deux désastres possibles et simultanés, et si, après cette crise redoutable, quelque César ne viendra pas donner le coup de grâce à la liberté mourante.

Devant l'avenir de plus en plus sombre, les prescriptions de Léon XIII apparaissent, resplendissantes des rayons de la vérité. Discuter aujourd'hui la valeur de la constitution qui nous régit serait, de la part des défenseurs de la religion, de la famille, de la propriété et de la patrie, une grave imprudence, car elle est devenue peu à peu pour ces principes fondamentaux le seul abri, la dernière sauvegarde. A mes yeux (je le dis comme je le pense, au risque de scandaliser certains irréductibles), dans les circonstances que nous traversons, la France et la République se confondent et, devant le socialisme menaçant comme

devant l'étranger, un devoir impérieux s'impose :
Pour sauver la France de la ruine et de la déchéance, il faut, à tout prix, sauver de la Révolution la République.

Eugène Veuillot eut la courtoisie d'insérer la réponse que voici :

Monsieur le rédacteur de *l'Univers*.

J'ai éprouvé une impression bien pénible en lisant l'article signé E. Desgrées du Lou.

Je suis aussi bon catholique que M. du Lou que je n'ai pas l'honneur de connaître, mais je ne comprends pas de la même façon l'attitude des catholiques en présence de la situation actuelle.

Que souhaite donc M. Desgrés du Lou en nous conseillant ce rôle effacé, ces tergiversations, ces moyens cachés pour atteindre le but ? Permettez-moi de vous le dire franchement, c'est l'anéantissement définitif du parti catholique, et je vous mets au défi de me citer une parole du Pape conseillant cette conduite que je me permets de traiter de machiavélique.

J'ajouterai même qu'elle est indigne de catholiques et de Français.

Cette conduite serait peut-être encore admissible si nous nous trouvions en présence d'hommes honnêtes et indépendants !

Mais vous devez le savoir aussi bien que moi, monsieur Desgrées du Lou, nous avons affaire à toute une secte dont les membres ont juré obéissance, que du jour où l'un d'eux veut s'arrêter, il est jeté pardessus bord (1)!

Cette secte, vous semblez ne pas la connaître, c'est la franc-maçonnerie.

Le Pape nous a dit de la combattre, et il nous est interdit à nous autres, catholiques, de faire même alliance avec ses membres, dût-il en résulter un grand bien.

J'ignore votre âge, Monsieur, mais vous me semblez avoir peu d'expérience ou alors avoir oublié les leçons du passé.

Ce que vous conseillez, mais c'est ce qui a été fait depuis vingt ans! Vous en voyez le résultat.

C'est la politique des compromis, la politique du moindre mal, politique néfaste s'il en fut une au monde.

C'est cette ligne de conduite qui a été cause des lois scolaire, militaire et autres semblables.

Temporisons, ne disons rien de crainte d'avoir encore pire.

Si vous considérez les hommes pris en particulier, vous devez vous tromper sur leur compte, prenez-les en masse comme députés, sénateurs, en un mot en fonctions, ils ne sont plus les mêmes.

Je connais ici des hommes remplis de bonne volonté, dont je m'honore d'être l'ami; comme représentants du pays, ce sont des hommes dangereux.

---

(1) Mais non, c'est justement ce qu'on ne veut pas savoir, ou du moins ce dont on ne tient aucun compte, parce qu'il deviendrait impossible à un catholique de soutenir l'américanisme français.

Ces hommes ne sont pas libres, et, n'étant pas croyants, n'ont pas de principes qui puissent limiter leurs actions !

En terminant la lecture de votre article, je vois que vous faites allusion à la Constitution et à la forme du gouvernement. Si c'est cette question que vous avez entendu traiter, nous serions près d'être d'accord.

Comme catholique soumis aux enseignements du Saint-Père, je fais abnégation de mes préférences, et j'accepte la forme de la République sans chercher à la discuter.

Mais si c'est pour combattre la législation et les législateurs, que vous nous donnez vos procédés, je les repousse de toutes mes forces.

Vous trouvez que les catholiques ne sont pas groupés, cela n'est que trop vrai, c'est ce qu'il faut faire dès à présent dans chaque ville, grouper les catholiques dans une organisation forte et solide comme à Roubaix.

Mais, si on suit vos conseils, la fin du monde arrivera que rien ne sera fait encore pour cela.

Croyez-moi, si Notre Seigneur, quand Il est venu prêcher l'Evangile sur la terre, avait suivi votre méthode, le christianisme serait encore à fonder.

Nous ne pouvons mieux faire que de suivre son exemple, crier bien haut sur les toits les grandes vérités.

Vous trouvez que l'on parle trop et que l'on n'agit pas.

Mais c'est vous-même qui conseillez de ne pas agir.

C'est par la parole que les apôtres ont converti le monde, ils combattaient le même ennemi que nous avons à combattre, ils avaient avec eux Jésus-Christ, nous l'avons également.

Vous trouvez que nous ne sommes pas assez saints pour obtenir des miracles, eh bien! sanctifions-nous et Dieu nous les donnera.

Ah! croyez-moi, ce n'est pas avec tous ces moyens humains que nous arriverons à sauver l'Eglise et notre pays. Si nous ne comptons pas sur l'aide de Dieu, nous nous agiterons en pure perte.

Nous sommes les soldats du Christ, organisons son armée et allons au combat sans crainte, repoussons avec énergie ces hommes qui ne croient pas en Dieu, ce sont des hommes dangereux! Evitons ces alliances compromettantes qui n'aboutissent qu'à décourager les plus zélés, tâchons, comme le conseille le Pape, de nous emparer du pouvoir, ou, en tout cas, d'y mettre des hommes qui ne soient pas des ennemis de l'Eglise.

N'oublions pas que nous avons en face de nous l'armée de Lucifer, l'ennemi éternel de Dieu, que nous ne devons ni ne pouvons espérer aucune merci de sa part; c'est donc une guerre à mort!

La victoire est assurée, car l'Eglise ne peut périr, et en aidant au triomphe de l'Eglise nous assurons le salut de notre pays.

Un Catholique.

On voit maintenant à quoi conduisait l'idée de M. Piou et quels devaient être les fruits de la tactique préconisée par lui et suivie par l'Action Libérale.

Je ne m'attarderai pas ici à en examiner les résultats. Le point de vue auquel nous nous plaçons dans cette étude nous dispense de ces constatations pénibles. Il n'est pas besoin que les faits et les conséquences nous apportent des arguments nouveaux. Le succès n'aurait pas légitimé l'erreur. De lamentables et perpétuels échecs, s'aggravant de jour en jour, la condamnant doublement. Mais par cela seul qu'elle est l'erreur, il n'y a pas de place pour elle dans l'église de la vérité.

Et voilà pourquoi, nous appuyant uniquement sur la force des principes, nous disons : Non, il n'est pas possible, si ce n'est par surprise, qu'un tel programme soit approuvé par Rome ; il n'est pas possible que Rome engage les catholiques à l'adopter, et qu'il obtienne d'elle une approbation privilégiée, sinon exclusive.

§ 4. — *Le Droit commun.*

L'autre fausse maxime directrice de l'Action Libérale est un obstacle aussi insurmontable.

Y a-t-il donc si longtemps que Montalembert

et d'autres libéraux furent condamnés par Pie IX pour avoir dit, dans un congrès belge, que l'Eglise s'arrangerait très bien du droit commun? ou n'est-ce là qu'un point de discipline, sur lequel l'Eglise aurait varié sans manquer à sa divine constitution? Les libéraux d'il y a cinquante ans n'ont pas été plus loin que l'Action Libérale.

Il y a tout d'abord une importante distinction à faire. Autre chose est d'user du droit commun et autre chose de s'y limiter. Réclamer le bénéfice du droit commun n'implique pas la renonciation à des droits spéciaux. L'Eglise peut très légitimement protester contre la violation du droit commun à son égard, sans que cette revendication soit de sa part l'abandon de droits plus élevés et plus étendus. Beaucoup d'esprits, même distingués, sont tombés à ce sujet dans une confusion surprenante.

Léon XIII, dans un passage de l'Encyclique aux Français, que nous rappellerons tout à l'heure, avertit les catholiques disposés à réduire l'Eglise au droit commun, des pièges qu'il peut cacher; et, de fait, nous avons eu singulièrement à souffrir de l'hypocrisie avec laquelle un gouvernement sectaire, prétendant nous soumettre au droit commun, en fait contre nous un régime d'exception et de vexations odieuses. Epargnons au lecteur des faits qui lui sont assez connus (1).

Il est donc légitime et naturel que les défenseurs des intérêts religieux en France invitent tous les hommes sincères à s'entendre pour obtenir l'application loyale du droit commun, car c'est un point sur lequel l'accord doit se faire nécessairement entre tous ceux que n'aveuglent pas le parti pris et les haines religieuses.

Mais est-ce à dire pour cela que l'Eglise reconnaisse comme légitimes toutes les prescriptions de ce droit commun dont l'Etat se fait le régulateur souverain, et qu'elle offre

---

(1) Il n'est pas jusqu'à l'abominable loi de séparation que les républicains de gouvernement ne prétendent légitimer au nom du droit commun. M. Caillaux, ancien membre du cabinet Waldeck-Rousseau, qui a voté cette loi, et nouveau président du groupe de l'Union démocratique à la Chambre, vient de prononcer devant ce groupe un discours où il dit :

« Au dire de beaucoup il faut tourner la page : la question cléricale serait close. Certes nul parmi les républicains de gauche ne songe à la faire revivre. Mais dépend-il de nous que l'impérialisme catholique consente à renoncer à ses privilèges et daigne s'accommoder de la liberté que nous lui offrons ? Tant qu'il n'aura pas formellement pris son parti du nouvel état de choses, nous avons le droit d'être méfiants. En toute hypothèse, nous avons le devoir d'affirmer, que nous saurons imposer, si besoin est, à l'Eglise catholique comme à toutes les Eglises *l'obligation de vivre dans le droit commun*. Nous ne voulons ni ne demandons autre chose. » (*La Vérité*, 11 juillet 1906.)

aux honnêtes gens, pour condition de son accord avec eux, le sacrifice des privilèges essentiels à sa divine Constitution ?

La nouvelle revue ultra-libérale, *Demain*, contient, dans son numéro du 29 juin 1906, un article : *Autour du Syllabus*, où il est dit :

> Dans un document public, dans la pétition adressée, en 1900, aux sénateurs et aux députés en faveur de la demande d'autorisation faite par les congrégations religieuses, l'épiscopat français tout entier déclare d'une voix unanime qu'il faut se placer « sur le terrain de la tolérance mutuelle, de la liberté égale pour tous, le seul terrain où tant d'esprits divisés peuvent s'unir et reconstituer l'unité morale du pays ».

Veut-on faire croire que l'épiscopat français ait attribué à cette déclaration un sens absolu, manifestement opposé aux principes fondamentaux de l'Eglise ? C'est cependant à quoi tendrait cet article, dont le sens est renfermé dans cette affirmation très hardie qui le termine :

> Le *Syllabus* nous apparaît, aujourd'hui, comme un véritable anachronisme : il n'offre plus guère d'intérêt qu'à l'historien, comme date d'une époque. Bien qu'il n'ait que quarante ans d'existence, il n'a plus chance d'être appliqué dans un pays aussi pro-

fondément divisé que le nôtre. C'est bien vainement que l'Eglise élèverait la voix pour revendiquer ses anciennes prérogatives : elle en est réduite à se réclamer du droit commun.

Si un tel jugement était vrai, il accuserait plus gravement que personne ne saurait le faire, la profondeur du mal causé par la politique libérale du Ralliement dans notre malheureux pays, car nul n'aurait songé à dire cela il y a vingt ans.

M. Piou avait déjà donné la formule libérale du droit commun dans son interview de 1892, rapportée plus haut : *Nous ne voulons plus que personne puisse accuser les catholiques de réclamer autre chose que la liberté et d'empiéter sur les droits de l'Etat et l'indépendance de la société civile.* C'était dire : nous ne permettrons plus de douter que l'Eglise se soumette complètement au droit commun tel que l'Etat juge bon de l'octroyer. Il est vrai qu'à cette époque les ralliés ne prévoyaient pas les suites.

Le droit commun ne pouvait manquer d'être le terrain d'action dans le parti *essentiellement libéral* que le ralliement allait constituer.

Ceux des catholiques avant tout qui tenaient à y avoir droit d'entrée et de priorité, ne pouvaient échapper à la nécessité de descendre sur ce terrain-là. On a vu quelles furent d'abord les résistances d'Eugène Veuillot. Mais il dut y venir, et pour y venir il fallut, en dépit des belles déclarations qu'il ajoutait encore, abandonner la position catholique. L'effort pour masquer la retraite demeurait vain.

La loi d'abonnement destinée à hâter la ruine des congrégations religieuses avait soulevé à *l'Univers*, comme dans l'épiscopat, un très vif mouvement de résistance. Ce n'est pas le moment de retracer cette histoire et celle du triste changement de résolution qui suivit. Lorsque la direction venue de Rome eut arrêté cette résistance, comme elle avait arrêté celle de 1880, on put lire dans *l'Univers*, à la date du 17 septembre, sous ce titre : *le terrain du combat :*

Le Temps dit que les récentes lettres du Saint-Siège adressées à plusieurs de nos évêques mettent fin à la campagne contre la loi d'abonnement. D'autres journaux, notamment *Paris*, tiennent le même propos. Ces journaux se trompent. La campagne de résistance n'est pas arrêtée. Seulement les lettres de S. Em.

le Cardinal Rampolla, lettres écrites sur l'ordre du Saint Père, mettent au clair deux points essentiels que la polémique avait embrouillés.

Il est sûr maintenant, pour tout le monde, que les congrégations, étant à divers titres placées dans des conditions différentes, peuvent se conduire différemment et que la question de conduite n'est pas une question de conscience. Le Pape l'a dit.

Par cette intervention du Saint-Siège, intervention à la fois très discrète et très importante, ce grand débat prend un caractère plus propre à saisir l'opinion. Sans doute le gouvernement et la secte, sous prétexte d'équilibrer l'impôt, veulent frapper des religieux « parce que religieux », mais ces religieux sont des citoyens *et c'est au nom du droit commun — la loi suprême du temps présent —* que se poursuit la lutte. Cette lutte nous devons la porter sur le terrain politique.

La résistance ou attitude passive, qu'elle soit générale ou partielle, ne peut et ne doit être qu'une préface, une émouvante déclaration de guerre. Mais si nous restons là, nous aurons toujours devant nous les mêmes hommes, la même majorité, les mêmes lois. Nous honorerons certainement de grand cœur ceux des nôtres qui auront souffert et nous voudrons les secourir. Ce sera bien, mais il faudra plus et mieux. Ce plus, ce mieux, l'action politique indépendante des partis et s'affirmant par le bulletin de vote peut seule nous les donner.

Nous demandons de nouveau aux catholiques d'y songer. Ce sera le bon moyen de prouver au

Temps que la campagne de résistance, loin de finir comme il l'espère, va commencer. (*Eugène Veuillot*.)

Le droit commun, M. Piou en a fait le cri de ralliement de l'Action Libérale, sa devise, l'épigraphe de ses publications, le thème des conférences qu'elle multiplie.

Liberté pour tous, Egalité devant la loi, droit commun : voilà tout son programme, avec l'amélioration du sort des travailleurs. C'est celui qu'on lit partout.

Eh bien! jamais on ne le dira assez haut, l'Action Libérale, qui prend pour base le droit commun, peut bien absorber dans son organisation les forces des catholiques, mais elle n'est pas, au vrai sens du mot, *une organisation catholique*.

Rome, s'en tenant à des déclarations dont la sincérité ne saurait assurément être suspecte, induite à se méprendre par les menées audacieuses et incessantes de la coterie démocratique qui l'obsède, a bien pu donner des encouragements à l'Action Libérale et lui témoigner beaucoup de faveur, mais elle ne saurait, elle ne pourrait accorder ces encouragements, cette faveur à une association prenant pour base le programme minimum et le droit commun.

Car l'Action Libérale, qu'on nous propose et qui s'impose comme la politique pontificale organisée, se met par là en contradiction manifeste avec la doctrine de l'Eglise et, en premier lieu, avec les enseignements de Léon XIII dans l'Encyclique même d'où est sorti le Ralliement.

On n'a donc pas réfléchi que, comme dernière conséquence, le droit commun est équivalent à la séparation de l'Eglise et de l'Etat et que, logiquement, il la postule ? Voilà où l'Action Libérale conduisait sans le savoir.

Ici encore *la Vérité*, journal qualifié *réfractaire*, soutenait la doctrine de l'Eglise contre ceux qui s'en déclaraient les seuls enfants fidèles et aimés. Sa protestation vaut la peine d'être rapportée.

Dans son discours à la Chambre en faveur de M. l'abbé Gayraud, M. l'abbé Lemire venait de faire cette déclaration :

Si nous nous permettons de critiquer une loi, ce n'est pas parce qu'elle enlèverait à l'Eglise une situation privilégiée. Le droit commun, l'égalité, c'est tout ce que nous réclamons.

Le lendemain (6 mars 1897), M. Arthur Loth répondait dans *la Vérité* :

Peut-on laisser les néo-catholiques opportunistes dire à tout propos, sous prétexte d'affirmer leurs senments républicains, qu'ils acceptent la déchéance que l'Eglise a subie sous le régime actuel, et qu'ils ne demandent rien de plus pour elle que *le droit commun?* Cette déclaration a encore été faite dernièrement à la Chambre des députés, et nous avons dû y opposer la parole du Pape. Elle répond, sans doute, au sentiment intime de ces nouveaux démocrates chrétiens, que sont les anciens ultra-libéraux, et qui se croient quittes avec les principes parce qu'ils affichent bruyamment leur docilité aux directions pontificales. Ce n'est pas de quoi les justifier.

Nous voulons bien que les principes n'arrêtent plus guère ceux qui parlent si haut de réconcilier, par des moyens nouveaux, le catholicisme avec la société moderne, et qui se flattent de faire accepter la religion en l'accommodant aux erreurs, aux opinions, voire même aux passions du jour. Il ne faudrait pas leur parler du *Syllabus*, cette vieille charte démodée du vieux catholicisme monarchique. Ce n'est pas avec le *Syllabus* qu'ils prétendent conquérir le peuple. Mais vive la Liberté! Vive l'Egalité! Vive la Démocratie!

Ils vont tout de même trop vite, ces ardents réformistes. Si déchue qu'elle soit en France, l'Eglise n'en est pas encore réduite à se mettre au rang d'un parti politique quelconque, de n'importe quelle secte religieuse, et à réclamer uniquement la liberté de vivre sous *le droit commun.*

Elle ne jouit plus en France de son droit propre, du droit canonique, qui est son statut divin, mais en face d'un gouvernement persécuteur et d'une société hostile et indifférente, elle peut encore réclamer un autre droit que le droit commun.

Faut-il rappeler aux libéraux, aux démocrates chrétiens, ecclésiastiques ou laïques, qu'il y a un Concordat en France? Ils ne devraient pas l'oublier. Le régime concordataire, établi en vertu d'un pacte entre le gouvernement français et le Saint-Siège, n'est pas un régime de droit commun.

Le Concordat crée pour l'Eglise une situation que l'on pourrait dire privilégiée, si, d'un côté, elle n'avait pas, de par son institution divine, un titre supérieur à occuper dans les Etats chrétiens la place qui lui est due, et si, de l'autre, les articles organiques ajoutés au Concordat ne restreignaient pas considérablement les immunités reconnues à l'Eglise par le traité primitif.

Tel qu'il est, le Concordat assure à l'Eglise une existence personnelle et des libertés propres, qui la placent en dehors du droit commun. Elle est reconnue comme société spirituelle, avec sa hiérarchie et son organisation. Elle jouit des prérogatives inhérentes au caractère sacré de ses ministres, elle a droit au libre exercice et à la protection de son culte; elle a la faculté de posséder. Tout cela est dans le Concordat.

Pour l'Eglise donc, le régime légal, le régime constitutionnel, c'est le régime de droit concordataire, et non le régime de droit commun.

Convient-il d'abandonner ce terrain ferme et sûr, pour se placer sur le sol mobile des opinions et des tendances personnelles ?

Les choses en sont venues aujourd'hui à ce point que les meilleurs esprits, les meilleurs cœurs catholiques hésitent entre les avantages et les inconvénients du Concordat. Suivant la manière de le considérer, on peut, pour le plus grand bien de la religion, en désirer le maintien ou l'abrogation. Mais ce n'est pas d'une question de préférence qu'il s'agit. Le Concordat existe. On l'a trouvé bon jusqu'ici, et il peut être encore défendu. En tout cas, personne n'a le droit de l'abandonner, tant que Rome n'y aura pas renoncé.

Rien, jusqu'ici, n'oblige, en acceptant la République, à répudier le Concordat. Les néo-républicains et les abbés modernes se pressent trop de parler et d'agir comme s'il n'existait plus. Si le Saint-Siège, malgré tous les griefs qu'il a contre le gouvernement de la France, malgré toutes les raisons de dénoncer un contrat habituellement violé sous le régime actuel, tient néanmoins au Concordat, c'est apparemment qu'il y trouve encore plus d'avantages que d'inconvénients.

Ainsi maintenu par Rome, le Concordat est notre loi et notre droit. Avec Rome, il faut s'y tenir et la défendre. C'est une singulière légèreté ou une présomption plus étrange encore que d'abandonner le droit concordataire pour réclamer le droit commun. Le jeune parti des ralliés et des socialistes chrétiens nous montre trop qu'il ne fait plus guère cas des vieux principes et qu'il se croit en mesure de fonder un christianisme nouveau sur des bases nouvelles. Nous le verrons avec intérêt à l'œuvre, s'il parvient à changer le monde, comme il semble l'espérer ; mais, en attendant cette ère nouvelle de progrès et de réforme, on ne peut pas lui laisser sacrifier ce Concordat, avec la situation légale privilégiée qu'il confère à l'Eglise, au profit de ses théories démocratiques de liberté et d'égalité. A moins que ce trop zélé parti n'en vienne *à accuser aussi le Concordat d'être réfractaire* (1).

Voici le passage de l'Encyclique avec lequel le droit commun, prôné par l'action libérale, est en opposition directe.

Les catholiques, en conséquence, ne sauraient trop se garder de soutenir une telle séparation. *En effet, vouloir que l'Etat se sépare de l'Eglise, ce serait vouloir, par une conséquence logique, que l'Eglise fût réduite à la liberté de vivre selon le droit commun à tous les citoyens.*

Cette situation, il est vrai, se produit dans certains pays. C'est une manière d'être qui, si elle a ses nombreux et graves inconvénients, offre aussi quelques avantages, surtout quand le législateur, par une heureuse inconséquence, ne laisse pas que de s'inspirer des principes chrétiens ; et ces avantages, bien

(1) *La Vérité*, 11 mars 1897.

qu'ils ne puissent justifier le faux principe de la séparation, ni autoriser à le défendre, rendent cependant digne de tolérance un état de choses qui, pratiquement, n'est pas le pire de tous.

Mais en France, nation catholique par ses traditions et par sa foi présente de la grande majorité de ses fils, l'Eglise ne doit pas être mise dans la situation précaire qu'elle subit chez d'autres peuples (1). Les catholiques peuvent d'autant moins préconiser la séparation qu'ils connaissent mieux les intentions des ennemis qui la désirent. Pour ces derniers, et ils le disent clairement, cette séparation, c'est l'indépendance entière de la législation politique envers la législation religieuse ; il y a plus, c'est l'indifférence absolue du pouvoir à l'égard des intérêts de la société chrétienne, c'est-à-dire de l'Eglise, et la négation même de son existence. — Ils font cependant une réserve qui se formule ainsi : Dès que l'Eglise, utilisant les ressources que le droit commun laisse aux moindres des Français, saura, par un redoublement de son activité native, faire prospérer son œuvre, aussitôt l'Etat, intervenant, pourra et devra mettre les catholiques français hors du droit commun lui-même.

Personne ne peut contester que le sens de l'Encyclique est tout entier renfermé dans cette proposition : La religion est la base de toute

---

(1) On peut rapprocher ces graves paroles de l'article de *Demain*, cité plus haut.

société et doit donc être le bien plus précieux des citoyens dans tous les Etats; mais, en France, nation privilégiée de la foi, les catholiques ont un devoir spécial de ne pas abdiquer leurs droits.

Par conséquent, l'Action Libérale, commençant par se placer sur le terrain du droit commun, prend justement le contrepied des Directions pontificales.

Ne serait-ce pas à se demander s'ils les avaient jamais lues, ces pontifes du ralliement, ces interprètes consacrés des intentions de Rome, dont plusieurs traitaient avec tant de morgue quiconque ne les entendait pas comme eux et le faisaient presque exclure de l'Eglise ?

Voici, par exemple, la conclusion de l'étude de M. l'abbé Klein sur *la Démocratie de l'Eglise* (1) :

Sous la suprême direction du Pape Léon XIII, où vont donc aujourd'hui les catholiques de vingt à trente ans, ceux qui ont l'âge des armées actives ?... Si l'on tient à connaître le but de tous ces mouvements, et à quoi bon cette stratégie nouvelle, voici peut-être ce qu'il faut répondre :

Les catholiques acceptent sans la discuter ni la combattre, *même légalement* (2), la constitution de fait

(1) *Nouvelles tendances en religion et en littérature*, p. 128.
(2) C'est M. l'abbé Klein qui souligne.

qui régit leur pays, se tiennent, dans cette mesure, hors de la politique ; mais ils revendiquent le droit de prendre part, comme tous les autres citoyens, aux manifestations de la vie sociale et publique. *Sans s'occuper davantage de thèses absolues dont l'application est reconnue impossible, ils ne réclament pour eux-mêmes et pour l'Eglise que l'égalité dans la liberté, et ils sont résolus, pour le jour où leur cause triompherait, à ne jamais mettre leurs adversaires en dehors du droit commun* (1).

Ils ne croient pas, en conséquence, de voir former un parti catholique proprement dit, lequel exciterait d'inutiles défiances et ne réunirait jamais la majorité...

Les réflexions de la vaillante et fidèle *Semaine Religieuse de Cambrai*, à propos des élections de 1898, auraient mérité et méritent encore aujourd'hui une considération attentive :

(1) Sans doute, mais veut-on dire que les catholiques s'engagent à ne jamais réprimer l'épouvantable licence qui est aujourd'hui couverte par le droit commun, ou seulement à respecter tous les droits individuels qu'il reconnaît aujourd'hui ? Il y a donc encore là une équivoque. L'égalité de tous devant la loi n'est pas un principe discutable. Cependant cette égalité de traitement sera-t-elle exclusive de tout privilège, comme l'exemption du service militaire pour le clergé ? Et surtout la liberté, base et mesure du droit commun, peut-elle avoir la même acception, la même étendue, le même but, pour le catholique et pour le libéral rationaliste ou libre-penseur, qui s'affranchit de la morale et de la religion ?

Quand donc les catholiques comprendront-ils que, de leur part, la prétention de s'accommoder parfaitement des principes issus de la révolution ne peut être que supercherie, ou défection, ou candide ignorance ?

Toute la question du libéralisme catholique est là.

Au point de vue religieux, nous avons le regret de dire, contre le sentiment de plusieurs, que nous ne constatons point le même progrès. Sans doute on parle beaucoup d'apaisement, et, de fait, la passion antireligieuse paraît moins provocatrice. Mais cet apaisement — nous le craignons bien, — est tout de surface, sinon dans la multitude, du moins dans ceux qui la gouvernent du fond de leurs loges ou qui sont appelés à faire des lois.

Depuis un siècle, la grande question, celle qui domine toutes les autres, celle dont toutes les autres reçoivent leur solution selon le rapport qu'elles ont avec elle, c'est la question de l'assujettissement de l'Eglise à « l'Etat souverain ». Souverain, non dans sa sphère, ce qui est légitime et proclamé par notre Seigneur, mais dans la sphère religieuse. C'est, en un mot, selon le terme du jour, « la laïcisation ».

De là l'abaissement continu de la France, qui perd tout prestige et toute force dans le monde. En renonçant à la mission que la Providence lui avait donnée et que nos pères ont si glorieusement remplie, elle mérite de se voir arracher peu à peu toutes les prérogatives, tous les droits qui en étaient résultés et qui se trouvaient en être la récompense.

De là encore, la diminution, également continue, du testament patriotique qui, ne pouvant plus se rattacher à ce qu'il y a de plus élevé dans l'âme humaine, tombe dans l'indifférence au point de laisser les cosmopolites prendre chez nous la direction de tout l'organisme de la vie publique, et même accaparer toutes les richesses.

De là enfin les progrès du socialisme, par l'abus des richesses, la corruption du peuple et les misères qui en sont la conséquence : l'Eglise se trouvant ligottée par mille et mille lois faites uniquement pour empêcher son action sur les âmes d'avoir son efficacité, ces âmes, en haut comme au bas de la société, ne se sentent plus soutenues par le frein religieux et se livrent à toutes leurs convoitises.

Eh bien! dans cette situation, il ne s'est pas trouvé un candidat — même parmi ceux qui étaient le plus qualifiés pour le faire, parmi ceux qui en avaient une obligation plus personnelle — pour dire cela dans sa profession de foi, pour montrer d'où découlent les maux qui accablent la patrie française et les maux plus grands qui la menacent, pour se poser en défenseur de l'autonomie de l'Eglise, en champion de son indépendance, pour dire qu'elle est une société ayant des droits propres, une constitution divine que l'on ne peut tenter de détruire, sans porter à la société civile elle-même les plus cruelles blessures.

Le vrai triomphe pour nous, observait un des chefs du socialisme, M. Géraud-Richard, au lendemain même des élections, le vrai triomphe pour nous aura été de nous présenter devant le pays avec l'affirmation collective et précise de notre doctrine. » Cette doctrine de ruine et de mort !

Et la doctrine de vie et de salut, personne n'a eu le courage de la formuler !

Que dis-je ? Là où on devait la trouver, c'est son contraire qui a été présenté aux électeurs comme devant être leur idéal et le terme suprême de leurs efforts :

« *Le droit commun* » *sous le niveau de la loi civile.*

Mais c'est la négation de l'œuvre de Notre Seigneur. Mais ce droit commun, qui écarte même l'idée de société religieuse, conduit à la destruction totale, radicale de l'Eglise, et, bientôt après, à l'impossibilité de toute vie chrétienne chez les individus, de tout ordre dans la société.

Tant que nous ne réclamerons pas hautement, nous catholiques, qu'on nous traite en catholiques, formant une société religieuse ayant son organisme divinement institué, sa vie propre, ses forces à elle; tant que nous n'exigerons point que cet organisme et cette vie soient libres de toutes les entraves que leur imposent maintenant mille lois édictées pour contrarier leur action, nous ne pourrons point dire, nous ne pourrons point espérer que des temps meilleurs s'élèvent pour la France (14 mai 1898).

CHAPITRE IV

Soyons catholiques

On dit que la France n'est plus chrétienne. C'est un bruit que les catholiques font courir.

Oui, ce sont des catholiques qui haussent le plus fort les épaules, qui vous rient au nez, quand vous parlez des droits de la France baptisée : tels, ces abbés conducteurs de la démocratie, ces jeunes gens du *Sillon*, et autres précurseurs d'une nouvelle civilisation évangélique.

Comme ils ne veulent à aucun prix se placer sur le terrain catholique, parce qu'il leur faudrait renverser l'ordre de leurs alliances, marcher d'accord avec ceux qui s'honorent de la même foi religieuse sans avoir la même foi républicaine, et maintenir une démarcation positive du côté des libéraux rationalistes, partisans de la sécularisation de l'Etat, ils ont trouvé ce bel argument qu'ils emploient sans rougir :

la France n'est plus une nation chrétienne.

Ainsi, pour ne les prendre que par leurs propres raisons et en dédaignant une discussion puérile, tandis que Léon XIII, dans tous ses actes, depuis l'Encyclique *Nobilissima Gallorum gens* en 1884, jusqu'à la fin de son pontificat, s'adresse très expressément à la France comme à la Fille aînée de l'Eglise, pour lui rappeler ses devoirs au nom de sa foi toujours vivante, ces catholiques, plus soumis à sa voix que tous autres, ces interprètes quasi patentés de la pensée pontificale nous crient : Vous savez, n'en croyez rien, la France n'est plus un pays catholique, et il faut avoir des idées bien surannées pour y parler d'autre chose que d'égalité dans la liberté.

La foi s'affaiblit de plus en plus dans notre malheureux pays, mais, justement, à qui la faute? Ayons le courage de le dire : cette politique d'effacement, de silence, d'abdication et de capitulation quotidienne n'a pas moins contribué que les violences des sectaires à obscurcir dans le peuple le respect et l'amour de la religion.

Et ce sont les mêmes hommes qui nous conjuraient de ne pas soulever de questions religieuses, les mêmes qui ont tacitement accepté l'école sans Dieu, la laïcisation des hôpitaux, le divorce, les clercs à la caserne, en un mot la déchristianisation du pays, et qui, aujourd'hui, cherchent un nouvel argument en faveur de leur politique néfaste dans la constatation même de ses résultats.

Mais puisque les prôneurs de cette funeste tactique émettent, à temps et surtout à contre-temps, la prétention de s'appuyer toujours sur les directions pontificales de Léon XIII, que font-ils donc de celle qu'il inculque avec tant de force dans l'encyclique ayant précisément pour sujet « *les devoirs civiques des chrétiens* (1) » ?

« Reculer devant l'ennemi et garder le silence, lorsque de toutes parts s'élèvent de telles clameurs contre la vérité, *c'est le fait d'un homme sans caractère ou qui doute de la vérité de sa croyance. Dans les deux cas une telle conduite est honteuse et elle fait injure à Dieu ;* elle est incompatible avec le salut de chacun et avec le salut de tous ; *elle n'est avantageuse qu'aux ennemis de la foi ; car rien n'enhardit autant l'audace des méchants que la faiblesse des bons.*

(1) *Sapientiæ christianæ*, 10 janvier 1890.

Et plus loin :

Il en est en effet qui pensent qu'il n'est pas opportun de résister de front à l'iniquité puissante et dominante, de peur, disent-ils, que la lutte n'exaspère les méchants.

De tels hommes sont-ils pour ou contre l'Eglise ? Car, d'une part, ils se donnent pour professer la doctrine catholique, mais, en même temps, ils voudraient que l'Eglise laissât libre cours à certaines théories qui lui sont contraires...

Un crime national pèse sur la France, c'est l'apostasie officielle de son gouvernement. La France est coupable de ne pas s'y être opposée; par sa faiblesse elle a été tacitement complice.

Mais a-t-on réfléchi à la part de responsabilité qui en incombe à la politique de ralliement, et à son instrument, la ligue de l'Action Libérale ?

Certes, je n'ai garde d'oublier ni la sincérité des intentions, ni le désintéressement du zèle, ni la générosité du dévouement dont ceux que ces critiques atteignent ont donné le constant exemple.

Je ne prétends pas davantage qu'il n'y ait point à tenir compte de cette diversité de situations, de milieux, de circonstances, qui nécessite les combinaisons de la politique.

Ce n'est pas la thèse de l'absolu que j'apporte ici.

On ferait donc la partie trop belle à ceux qui réclament aujourd'hui de voir porté plus haut le drapeau catholique, en leur reprochant de renouveler les récriminations entre ultramontains et libéraux, qui ont tant affligé l'Eglise de France il y a cinquante ans.

Y pensez-vous? répondraient-ils.

Les catholiques libéraux du XIXe siècle ont eu leurs erreurs, renouvelées par ceux d'aujourd'hui. Les uns et les autres ont si fortement abondé dans l'hypothèse, que la thèse, renfermant la vérité catholique, en a été sacrifiée. En cela, le rapprochement s'explique.

Mais la question est de savoir si aujourd'hui, comme en 1850, même en tenant compte de la différence des temps, on peut se tenir pour satisfait du résultat obtenu, le considérant comme le meilleur possible ou à peu près, et si une égale fermeté de conduite fait aux chefs de l'Action Libérale et du Ralliement une situation analogue à celle d'un Falloux ou d'un Montalembert. Or, c'est là que l'opposition éclate.

Montalembert a-t-il jamais baissé la voix, depuis le jour où, en présence d'un sénat de voltairiens saisis par la sainte audace de ce jeune pair de vingt ans, il s'écriait : « Quand j'ai vu les émeutiers traîner la croix dans la boue, je l'ai serrée sur ma poitrine, cette croix vénérée, en jurant de la défendre toujours ! »

Les catholiques libéraux de 1830, après vingt années de lutte à ciel ouvert, nous ont donné la loi sur la liberté de l'enseignement. Leurs émules d'aujourd'hui ont exclu de leur programe minimum la protestation contre l'école athée.

Et que demandons-nous à l'Action Libérale, si ce n'est de nous ramener à l'époque déjà si lointaine, où Albert de Mun, salué alors par les acclamations unanimes de tous les catholiques, répondait à Jules Ferry leur proposant une paix menteuse : La paix ? jamais, tant qu'il y aura entre vous et nous des croix renversées !

Est-ce que cette irréductible opposition de la foi persécutée n'était pas compatible avec l'acceptation loyale du fait constitutionnel ? L'Encyclique de Léon XIII avouait-elle un autre but que celui de fortifier cette résistance ?

Pourquoi donc est-elle complètement tombée ? Pourquoi est-elle devenue compromettante ?

Pourquoi le grand devoir des catholiques, aujourd'hui, en face d'une oppression ouvertement tyrannique, serait-il de ne pas soulever les discussions religieuses au parlement, et de laisser le pays s'endormir dans l'indifférence ?

Là, là, est tout d'abord la question.

Quand nous aurons fait aussi large que vous le voudrez la part des ménagements nécessaires dans la tactique parlementaire et électorale, celle du crédit qu'il faut savoir accorder à ses chefs, celle aussi de la diversité des temps, ce sera encore un devoir de proclamer hautement que le sens catholique réprouve, que la conscience catholique condamne des calculs qui deviennent une défection.

Est-ce à l'Action Libérale qu'on pourrait apliquer ces autres paroles de Léon XIII, dans l'Encyclique citée plus haut ?

Honneur à ceux qui, provoqués au combat, descendent dans l'arène avec la ferme persuasion que la force de l'injustice aura un terme, et qu'elle sera un jour vaincue par la sainteté du droit et de la religion ?

Ils déploient un dévouement digne de l'antique vertu....

Notre principale force devait donc être cette persuasion que l'injustice sera un jour vaincue par la sainteté du droit et de la religion. Dans la lutte pour la cause de Dieu et de l'Eglise, si cette persuasion inébranlable n'est pas. l'inspiratrice de nos efforts et le principe manifeste de notre conduite, nous resterons voués par avance à toutes les défaites.

Oui, le sens catholique réprouve, la conscience catholique condamne les compromis de *l'Action Libérale*.

Il nous faut des candidats catholiques : *l'Action Libérale* en a peur et les écarte. Nous devons aux électeurs l'affirmation de nos croyances catholiques : *l'Action Libérale* la dissimule. Notre résistance à la tyrannie gouvernementale doit être une résistance de catholiques, c'est-à-dire de gens qui, selon leur rôle et à leur manière, sont poussés eux aussi par le *non possumus non loqui* : *l'Action Libérale* est presque muette.

Voyez ce qui se passe pour les candidats.

A Paris, dans ces dernières élections, on suscite un catholique déclaré contre M. Millerand, l'ancien leader du socialisme, le compère de Waldeck-Rousseau pour l'étranglement des instituts religieux, et l'un des principaux auteurs de nos ruines. Que peut attendre *l'Action Libérale* d'un tel homme, quel pacte peut la lier à lui?

Elle s'oppose à la candidature catholique. Des protestations s'élèvent, une intervention est sollicitée. En fin de compte, *l'Action Libérale* déclare qu'elle ne prétend pas empêcher la bonne candidature, mais qu'il lui sera impossible de rien faire contre M. Millerand!

A Fontainebleau, voici la candidature de M. le commandant de Cossé-Brissac.

M. de Cossé-Brissac appartient, par lui-même, à une famille, illustre dans l'histoire et dans les fastes militaires de la France, qui a habité et possédé dans l'arrondissement de Fontainebleau durant plusieurs siècles.

Par son mariage, il s'est allié aux familles les plus anciennement honorées et les plus bienfaisantes de Fontainebleau et de Seine-et-Marne...

Il habite Fontainebleau depuis 1873. Son fils, ses petits-enfants y sont nés (1).

Sa candidature, il est vrai, est d'un genre insolite pour l'Action Libérale, dont les candidats, dans leurs professions de foi, se déclarent Démocrates, Français, Patriotes, tout ce qu'on veut,

---

(1) *La Défense de Seine-et-Marne.*

excepté Catholiques. Celle de M. de Cossé-Brissac débute ainsi :

Electeurs,

A ceux que les autres candidatures ne satisfont pas; qui ne peuvent y trouver ce qu'il leur faut pour se plaindre et protester,

Je viens offrir de *voter pour moi*.

Je me présente comme :

Catholique, — *ancien officier*, — *membre de la Légion d'honneur*, et aussi comme *contribuable épouvanté*, — attaché à cette région par des liens éprouvés d'intérêt et de famille.

Comme catholique. — Je suis de ceux qui sont catholiques parce qu'il leur plaît de l'être et qui osent rappeler qu'ils sont les plus nombreux, que *justice* et *liberté* sont dues à tous, qu'ils ne peuvent accepter des lois d'exception et de spoliation et qu'ils devraient en avoir assez des vexations et de *l'oppression maçonnique !*

Hier, les inventaires étaient une menace de l'Etat à l'égard des biens catholiques ; en ce moment et en présence de l'anarchie qui éclate dans les services publics, les catholiques ne veulent être ni complices ni victimes.

Si, *aujourd'hui*, c'est l'Église qu'on dépouille, *demain* ce sera le tour de tous ceux qui possèdent quelque chose par leur droit ou leur travail.

De même qu'un bail est signé entre particuliers, qu'un *traité* est conclu avec une nation amie, un

Concordat avait été passé par l'Etat à l'égard de l'Église ; or l'Etat ne peut s'arroger le droit de briser d'un coup des engagements séculaires mutuellement consentis.

Nous protestons contre la rupture de cette promesse, car c'est la déchéance du prestige traditionnel de la France et de ses droits de nation catholique...

Eh bien ! L'Action Libérale s'est opposée à la candidature du commandant de Cossé-Brissac, et elle a fait voter pour qui? pour M. Labori, avocat de Dreyfus, après l'avoir été de l'anarchiste Vaillant et de Thérèse Humbert !

En 1902, M. Labori était candidat radical, comme il le rappelait dans cette dernière campagne. A cette époque, il se désista en faveur de M. Girod, franc-maçon, radical-socialiste, candidat des Loges, ayant voté toutes les lois de persécution, et le fit réussir.

La Croix de Seine-et-Marne vient d'user de toute son influence et de ses ressources en faveur de M. Labori. Son directeur déclarait que le devoir et la conscience l'obligeaient à marcher contre le commandant de Cossé-Brissac !

On trouvera une telle mentalité stupéfiante. Elle est bien plus répandue qu'on ne pense, même dans une partie du clergé.

Elle répond exactement aux directions pontificales, telles qu'une faction, déguisant sous le couvert du zèle religieux la passion libérale, est parvenue à les imposer à la masse des catholiques français, au nom de la soumission due au pape.

Pourrait-on protester assez fortement contre ces empoisonneurs des consciences, quelqu'influence qu'ils aient, quelque brevet de parfaite orthodoxie qu'ils s'attribuent ou se soient fait décerner par surprise?

La Croix de Paris a recommandé, dans les termes les plus alléchants, et répandu, par les puissants moyens dont elle dispose, une brochure électorale publiée par une de ses succursales de province et dont l'auteur appartient à la faction que je dénonce. G. Vanneufville est, à Rome, un de ses agents les plus actifs.

Je dis et je répète, avec le regret que ma voix soit trop faible pour être entendue de tous, que le sens catholique réprouve, que la conscience catholique condamne cette brochure : *les Elections et le Bloc!...*

Oh! assurément, il n'y est question que de vaincre le Bloc, que d'abattre les sectaires, que de sauver le pays de la persécution. C'est chaud, c'est ardent.

Mais si vous regardez aux moyens qu'on vous propose, il n'y en a qu'un : *portez-vous à gauche!* Toute la brochure est dans ces lignes de la page 22 :

En réalité, l'avantage de cette tactique, c'est qu'elle n'est pas une simple tactique, mais une politique efficace et loyale, — une politique habile parce que généreuse et dépouillée de mesquines habiletés.
En quoi consiste-t-elle en effet?
A étudier chaque circonscription, ou mieux chaque région, — à déterminer avec soin quel est l'état politique exact de la région, — à reconnaître avec clairvoyance toutes les forces qui peuvent se coordonner pour la réforme de notre gouvernement, — à accepter ces forces telles qu'elles sont et quelles qu'elles soient, — à observer où il est possible de les faire converger pour en obtenir une résultante unique... — et, puisque cette résultante, très souvent, ne peut se produire qu'à gauche, à se porter vaillamment, et avec abnégation, de ce côté-là.

Voilà ce qu'on entend en vous disant :

Les catholiques doivent acquérir, dans leur action politique, une flexibilité plus grande d'allures et de tactique, et l'*Action libérale* est moralement nécessaire pour les diriger dans cette voie nouvelle (page 20).

Je dis et je répète que le sens catholique réprouve et que la conscience catholique condamne des sommations comme celle-ci :

Ce serait une criminelle imprudence que de renouveler certains errements locaux de 1902, et de disputer son siège à un progressiste, une criminelle imprudence, disons-nous : ajoutons que ce serait aussi une injustice odieuse et une véritable trahison (page 35).

Qui sont donc ces progressistes? Ce sont les anciens opportunistes, le parti de Gambetta qui a déchaîné la persécution religieuse, ce sont les vrais auteurs des lois scélérates et les partisans fanatiques de la complète sécularisation de l'Etat. Mais depuis qu'ils ont perdu le pouvoir, depuis que leur programme a été appliqué par Waldeck-Rousseau et par Combes au lieu de l'être par M. Ribot, ils en ont trouvé les conséquences excessives et se sont mis à invoquer eux aussi la liberté et le droit commun. Est-ce à dire qu'ils aient changé de principes? Pas le moins du monde. M. Ribot, dans ce même débat sur la séparation, glorifiait encore l'œuvre sécularisatrice de la République et en reportait partiellement l'hommage à la politique de Léon XIII (1). Qu'on accepte aujourd'hui leur concours, sans leur sacrifier son indépendance, rien de mieux. Mais que le devoir des catholiques soit de se ranger derrière eux, de les tenir pour sauveurs, de rester enchaînés à eux par la reconnaissance, et de les préférer comme candidats à des catholiques sincères, c'est un scandale de le prétendre.

Je dis qu'il est scandaleux de voir *la Semaine religieuse de Nice* faire écho à M. l'abbé Vanneufville, en reprochant aux catholiques de la Mayenne, comme « *une mauvaise et inexcusable action* », d'avoir préféré des catholiques sans tare à des hommes comme M. Renault-Morlière, qui a voté l'article 7, la loi scolaire, la loi du divorce, la loi sur les enterrements civils, l'interdiction des hôpitaux aux membres du culte, etc., qui a soutenu le gouvernement dans la question des inventaires, mais dont le libéralisme s'est effrayé des brutalités de Combes.

Il est scandaleusement invraisemblable que cette *Semaine religieuse* voie là, elle aussi, une

---

(1) Voir *Cas de conscience*, ch. VIII, p. 315. — Ainsi faisait Jules Ferry après l'expulsion des congrégations en 1880.

injustice odieuse, une véritable trahison, et qu'elle puisse dire :

Il tombe sous le sens que ce n'est pas comme catholique que l'on a agi envers eux.

M. Pierre Veuillot, il y a quelques mois, mettait en parallèle, dans *l'Univers*, M. Renault-Morlière avec M. de Rosambo, député monarchiste et catholique résolu, le seul qui ait su dire à la tribune qu'il n'appartenait pas aux enfants de l'Eglise de discuter la loi de Séparation ; M. Aynard avec M. Baudry-d'Asson, dont la fidélité religieuse égale la fidélité monarchique ; M. Ribot avec le vaillant M. Lasies, et il disait :

Entre M. Lasies et M. Ribot, entre M. Baudry-d'Asson et M. Aynard, entre M. de Rosambo et M. Renault-Morlière, nous n'éprouverions pas une seconde d'hésitation. Nous voterions avec ardeur et nous ferions voter pour M. Ribot, pour M. Aynard et pour M. Renault-Morlière. Ce serait tout simplement notre devoir puisque nous acceptons la République. Ce serait en même temps conforme à la sagesse et à la loyauté...

Eh bien ! je dis que le sens catholique réprouve un tel langage, et que, pour être celui du « bon journal », il n'en témoigne pas moins d'une étrange aberration d'esprit.

Car c'est le langage de gens qui se sentiraient plus obligés à la loyauté envers la République qu'à la fidélité envers Dieu, ou que le libéralisme aveugle au point de leur faire trouver dans M. Ribot et M. Renault-Morlière des hommes aussi aptes à défendre les droits de l'Eglise et des catholiques que M. de Rosambo, M. Baudry-d'Asson et M. Lasies.

Une telle attitude s'accorde parfaitement, encore une fois, avec les prétendues directions pontificales. Sans avoir l'intention de blesser personne, il faut avoir le courage de dire qu'elle est contraire au bon sens, à l'honneur chrétien, à certaines prescriptions formelles de Léon XIII.

La qualité de catholique républicain était tellement essentielle qu'il est devenu impossible de rester bon catholique sans être républicain, et qu'en fin de compte cette qualité de républicain prime celle de catholique. Il en est de même du titre de libéral. M. Piou l'a tellement imposé que, non seulement on n'ose plus ne pas se déclarer candidat libéral, mais si quelqu'un, — et je rapporte des faits vrais, — vient à dire devant les électeurs : nous, catholiques libéraux..., ses amis lui reprochent comme une imprudence, de ne pas se dire libéral tout court.

Il y a quelques années, au congrès de la Ligue démocratique belge (septembre 1898), un assistant proposa de supprimer les dénominations de démocrates, libéraux, etc..., pour ne former qu'une armée *catholique.*

L'*Osservatore Romano* fit là dessus de sages réflexions qu'on pourrait bien s'approprier chez nous :

« Un grande et belle parole a été dite par M. Carton de Wiart au Congrès de la Ligue démocratique en Belgique. Parlant de la nécessité de l'union entre les catholiques, M. Carton de Wiart a demandé qu'on laissât de côté les surnoms, les adjectifs, vu qu'il suffit de se dire catholique, et rien que catholique.

« Une fois qu'il est admis et reconnu — comme cela l'est en réalité — que la doctrine catholique est une doctrine complète et parfaite, à laquelle on ne peut rien ajouter et d'où l'on ne peut rien retrancher, il en résulte logiquement et nécessairement qu'il faut aussi admettre une chose : c'est qu'au nom de catholique, à ce substantif, il n'y a rien à ajouter, rien à retrancher...

« Et alors, pourquoi établir tant de catégories de catholiques : libéraux, démocrates, sociaux et même socialistes ? Il est certain que ces subdivisions par voie de qualificatifs, de noms et de surnoms entre catholiques, si elles n'entraînent pas de différence substantielle dans les idées et dans les aspirations, produisent une confusion dans les mots, qui très facilement devient une confusion funeste dans les idées et dans les faits.

« Il arrive, en effet, souvent, que l'adjectif prend le dessus sur le substantif dans les idées et dans les faits, et ainsi il peut arriver très facilement que l'on soit plus « libéral » que catholique, plus « démocrate » que catholique, plus « social » que catholique, et même que l'on soit ce que signifie la qualificatif, avant d'être ce que comporte le nom lui-même.

« On a fait valoir avec beaucoup de raison l'exemple du Centre catholique allemand. Les catholiques allemands ne sont pas divisés et subdivisés en catholiques conservateurs, démocrates, économiques, sociaux. Ils ont été toujours et ils se sont toujours proclamés catholiques, et rien que cela : c'est pourquoi leur union a toujours été et est encore cordiale, compacte, inaltérable...

« Ce grand nom de catholique n'engendre aucun doute, ne produit aucune confusion, comme peuvent le faire des surnoms ambigus, adjectifs indécis (1). »

Il faut reconnaître qu'en cette circonstance l'*Osservatore* fut mieux inspiré que le jour où il proposait de nous diviser en France en catholiques et régaliens.

M. Pierre Veuillot ferait mieux aussi de reve-

(1) Cité par la *Semaine religeuse* de Cambrai, 1er octobre 1898.

nir au temps où, quelques semaines après l'Encyclique aux Français, il demandait qu'on maintînt la cocarde catholique :

> Surtout, n'allons pas proscrire la cocarde catholique, sous prétexte qu'elle est compromettante ! Il faut permettre aux catholiques de s'affirmer comme tels, si l'on veut qu'ils aient de l'élan et déploient de la vigueur. Combattant sous leur drapeau, ils auront à cœur de l'honorer ; ils voudront le couvrir de gloire. Rangés sous le drapeau grisâtre des conservateurs, admis comme grâce et revêtus d'un uniforme qui devra les confondre avec le reste de l'armée, ils feront de piètres soldats. Consentiront-ils même a servir ? Or, on a besoin des catholiques. Et puis, qu'on y songe, il faut que les catholiques se soient affirmés dans le combat pour avoir le droit de parler haut et la chance d'obtenir leur part légitime après la victoire.

Il était impossible de parler plus judicieusement. Mais ces observations sont encore vraies aujourd'hui.

Aujourd'hui, M. Pierre Veuillot nous crie : à bas la cocarde ! C'est elle qui compromet tout. Il en revient aux socialistes, toujours avec le même bonheur. Hanté par leur succès, il s'obstine à fermer les yeux sur sa cause. Imitons les socialistes, nous répète-t-il encore. En quoi ?

Est-ce dans cette franche affirmation de principes, à laquelle M. Gérault-Richard attribuait plus haut avec raison la valeur d'un premier triomphe? Bien au contraire. Pour les catholiques, agir comme les socialistes, ce sera mettre leur programme dans leur poche, faire le silence sur leurs droits et leurs convictions, pour ne parler, eux aussi, au peuple que de panacées sociales.

Je ne sache rien de plus tristement suggestif, ni qui résume mieux l'histoire et les critiques contenues dans ce livre, que les lignes suivantes, à propos des élections de 1906, extraites de *l'Univers* du 22 mai :

Les scrutins du 6 et du 20 mai sont la passive, l'indifférente ratification du coup d'Etat jacobin. Il faut, certes, déplorer, mais il ne faut pas méconnaître cette docilité du suffrage universel devant le fait accompli.

Comment jamais le reprendre? En usant à son égard d'autres procédés. Au fond, si nous en disons beaucoup de mal, pratiquement nous l'honorons trop. *Nous croyons l'échauffer en lui parlant de droit, de liberté, de nobles sentiments. Il bâille. Et nous l'entretenons aussi des injustices de la veille. Il s'endort. Nous l'ennuyons, tout simplement. Imitons les Jacobins, les sectaires et les socialistes, qui savent l'estimer à sa juste valeur et le prendre comme il est. Causons avec lui, surtout, de ses intérêts matériels et du lendemain. Voilà ce qui l'intéresse.*

Nous ne disons pas qu'il faille renoncer à toute revendication, à toute protestation d'ordre moral. Coûte que coûte, on doit s'affirmer ce qu'on est, et maintenir le droit. Mais il faut faire cela pour nous-mêmes, et aussi pour l'avenir, plus que pour l'électeur. Qu'importe-t-il avant tout? De le gagner, de le persuader. Parlons-lui le langage qui le gagne et le persuade. Ensuite? Eh bien! nous renouerons avec Rome, s'il nous plaît, comme les sectaires ont rompu avec Rome, sans demander d'abord au pays s'il le veut ou non. Et il ratifiera le fait accompli.

L'étiquette républicaine a divisé les catholiques français, comme l'étiquette démocratique divisait les catholiques belges. Celle-ci se réclamait de l'Encyclique *Rerum Novarum*, comme celle-là de la *Lettre aux Français*. L'une et l'autre n'est également qu'une interprétation faussée.

Comment les Belges sont-ils parvenus à sauver l'unité? En faisant prévaloir la dénomination pure et simple de *catholiques*, dont la signification précise et la vertu ont suffi pour opérer le départ nécessaire entre les partisans de l'erreur et ceux de la vérité. Les démocrates ont été fatalement amenés à opter pour ou contre l'Eglise.

Les uns se sont ralliés à elle, les autres ont marché pour ses ennemis; mais la cause catholique, placée, maintenue sur son vrai terrain, n'a pas été sacrifiée à d'autres intérêts. C'est son drapeau qui guidait les troupes. Les catholiques ne servaient pas en auxiliaires.

Ainsi doit-il en être en France. Le salut est à ce prix. Il s'agit donc de renverser encore une fois la formule. Quand l'*Osservatore Romano* proposait : « La monarchie nous divise, la République nous unit », c'était une gageure contre l'évidence de la situation. Il faudra dire : *La République nous divise, la foi catholique nous unit.*

On a remarqué dans la presse cette déclaration de l'éminent homme d'Etat, M. Wœste, à propos des dernières élections en Belgique.

Votre organisation est bien pour quelque chose dans votre longue possession du pouvoir?

— Mais sans cette organisation, nous ne l'aurions jamais conquis et nous serions incapables de le conserver.

Nous n'avons pas l'*union*, mais ce qui est mieux l'*unité*.

Autrefois, nous nous appelions *conservateurs*; aujourd'hui, nous sommes *catholiques*. *Ce changement d'étiquette a été notre salut.* J'y étais opposé, je l'avoue. Eh bien! je me trompais. Un jour vint où des hommes nouveaux, des jeunes, des impatients, nous dirent : « Vous êtes des réactionnaires, des attardés, des ennemis des réformes; nous, nous sommes des démocrates. Séparons-nous bons amis ; nous ferons l'union pour les batailles contre l'ennemi commun. »

Cette séparation — même avec l'union pour la bataille — c'était notre mort; c'était le triomphe des anticléricaux.

C'est cette substitution du mot « catholique » à l'étiquette conservatrice qui a rallié tous les dissidents et maintenu l'unité qui donne la victoire (1).

Voici l'intéressante lettre que Mgr l'Evêque de Liège a daigné m'adresser à la même occasion. Je ne crois pas indiscret de la reproduire.

ÉVÊCHÉ DE LIÈGE
—

Monsieur l'Abbé,

Je forme le vœu que je puisse quelque jour vous adresser des félicitations semblables à celles que je viens de recevoir de votre part. Quelle joie, si la *Fille aînée de l'Eglise* revenait à sa mère! Quel *Te Deum Laudamus* on chanterait dans le monde entier !

Aux questions que vous me posez, je crois pouvoir répondre : Le parti catholique belge s'est toujours placé sur le terrain de la défense des intérêts religieux

(1) *La Croix*, 1er juin 1906.

qu'il considère comme étroitement unis à ceux de la Patrie. Pour lui, sauvegarder la Religion catholique dans sa liberté et dans tous ses droits, c'est travailler au bonheur de la société et garantir aux citoyens catholiques et autres les droits que leur confère la Constitution Belge en proclamant la liberté des cultes, la liberté de l'enseignement, etc.

Pendant longtemps des catholiques voulurent, en politique, porter le nom de *conservateurs* ; peu à peu, sous l'influence des idées, ils abandonnèrent cette dénomination pour ne plus s'appeler que catholiques. Les associations suivirent cette évolution. Celle de Liège prit le nom d'association catholique, il y a environ vingt ans, celle de Bruxelles, il y a environ dix ans. La poussée démocratique a eu une certaine influence sur le changement du nom pour Bruxelles, mais pas à Liège et dans beaucoup d'autres endroits où c'était chose faite avant la naissance du mouvement démocratique chrétien.

Ce dernier parti a failli créer une division dans le camp catholique : quelques groupes s'en sont même détachés et portent le nom de schismocrates, daensistes, etc. Ces groupes n'ont pas d'importance, et il y a lieu d'espérer qu'ils seront dissous à bref délai.

D'autres groupes de démocrates chrétiens n'ont pas été si loin ; ils sont restés unis au parti catholique ou s'y sont de nouveau ralliés après un conflit heureusement de courte durée. Si tout danger de scission n'a pas encore disparu, il est cependant en grande partie conjuré.

Le parti catholique, par là-même qu'il veut être

sincèrement catholique, se proclame partisan de toutes les réformes légitimes et de toutes les améliorations opportunes en matière sociale. Comme preuve, il suffit d'en appeler aux nombreuses lois sociales et sainement démocratiques que le parti catholique a fait voter depuis 22 ans.

Je pense que le nom de *catholiques* exprime le mieux les principes des citoyens belges qui l'ont adopté : ils sont catholiques dans le sens complet du mot, c'est-à-dire ils professent la religion catholique et veulent accomplir tous les devoirs du catholique.

Citoyens fidèles à Dieu, au Roi, et à la Constitution Belge, ils veulent le bien de la religion et de la Patrie, défendent les droits de tous et coopèrent à tous les progrès qui peuvent contribuer à la prospérité du pays.

Mes dévoués hommages.

† M. H. RUTTEN,
Evêque de Liège.

Liège, le 4 juin 1906.

Monseigneur l'Evêque de Liège, écrivant à un étranger, s'exprime avec une modération toute pastorale sur les dangers que les démocrates de son pays font courir à l'union catholique, comme chez nous les féaux de la République, en solidarisant les opinions contestables ou fausses, qui divisent, avec la profession de foi catholique qui unit.

Mais l'histoire en est connue et les détails seraient faciles à réunir.

Il faut vraiment une singulière audace à celui qui a écrit la brochure : *les Elections et le Bloc!*... pour représenter aux Français que le parti démocrate est le salut de la cause catholique en Belgique.

Pourtant, même en Belgique, le parti catholique ne se compose-t-il pas de deux grandes sections dont l'union, non la fusion, semble désormais assurée : les anciens cadres du parti catholique et la ligue démocratique.

Est-ce qu'en Belgique le parti catholique tout entier ne lutte pas sur *le terrain du droit commun?* Est-ce que la victoire sur les « libéraux » anti-cléricaux ne fut point remportée grâce à l'alliance avec les *indépendants?*...

Supposez que la Ligue démocratique disparaisse ou qu'elle perde la liberté de ses mouvements — deux hypothèses également invraisemblables, grâce à Dieu, — c'est la ruine politique des catholiques belges... Aussi, nous n'hésitons pas à l'affirmer : substituez au parti catholique belge actuel un parti catholique identique à ce « *parti catholique* » que plusieurs préconisent chez nous « à l'instar des Belges », — et le gouvernement catholique belge ne sera bientôt plus qu'un souvenir historique !

Enfin ! voilà le grand mot lâché. Ces vrais défenseurs de l'Eglise, ces interprètes autorisés de la pensée pontificale qui, comptant sauver la foi par un accord avec les non-catholiques contre les catholiques-monarchistes, renforcent encore, et singulièrement, la formule de l'*Osservatore*. Les voilà arrivés à y substituer la foi à la monarchie, et à dire : « La profession catholique nous divise, la foi républicaine nous unit ! »

Le directeur d'une de leurs feuilles, M. l'abbé Vallée, l'a exactement traduite un jour dans un Journal de Versailles :

Laissons de côté les monarchistes que le Pape appelle rebelles. Et demandons de préférence aux républicains, *même libres-penseurs*, leur coopération pour triompher de la persécution maçonnique, qui a juré la ruine religieuse et morale de la France (1).

Et le journal qui parle ainsi s'intitule : *l'Action catholique*.

Quant à M. Vanneufville et à sa brochure propagée par *la Croix*, pour faire admettre partout la pensée de l'Action Libérale, les voilà exactement et, par un motif identique, au même niveau que *le Sillon* de M. Marc Sangnier, pour

(1) Cité par la *Semaine religieuse de Cambrai*, 20 février 1897.

lequel le parti catholique est devenu une vraie phobie. La cause en est connue.

Ce qui est digne d'attention, c'est qu'il ne s'agit pas d'une vaine question d'étiquette. Le mot ici n'importe qu'à cause de la chose. La raison pour laquelle on ne veut à aucun prix d'un parti catholique, c'est que la profession de catholicisme déjouerait les trafics du libéralisme.

La grande illusion, la grande erreur, découlant des principes mêmes du système, est de vouloir d'abord conquérir la masse, en faisant l'accord sur un programme indéterminé, dont le vague permette toutes les confusions. Et ils croient que quand ils seront parvenus à faire triompher l'équivoque, la vérité en tirera la victoire. Quelle contradiction !

Mais si la raison et la vérité politique condamnent ce faux calcul, combien plus fortement est-il réprouvé par la vérité catholique, devant laquelle il est une défection ! En politique, on ne s'impose que par la fermeté des principes; mais la foi religieuse, en outre, n'admet pas d'être dissimulée; elle ne triomphe qu'en s'affirmant. *Hæc est victoria quæ vincit mundum, fides vestra.*

Le dédain des sages selon le monde et leurs

sarcasmes n'y changeront rien. L'espoir, l'avenir ne peuvent être que dans le développement d'initiatives dont on trouverait l'exemple, à Paris, dans l'*Action catholique française*; à Toulouse, le *Bloc Catholique* ; à Vannes, la *Résistance Catholique du Morbihan* ; à Roubaix, l'*Union Catholique*, etc.

L'*Association des catholiques de la Mayenne* paraît avoir eu un complet succès. Voici ce qu'écrivait au R. P. Léon, le 23 mai 1906, son zélé président, sénateur de la Mayenne :

« Combien vous êtes dans le vrai ! Voulez-vous un exemple pour appuyer votre thèse ? Prenez les élections sénatoriales et les élections législatives de la Mayenne (janvier-mai 1906). En faisant *la concentration sur le terrain catholique*, nous avons donné à la Mayenne une représentation exclusivement catholique : 3 sénateurs et 5 députés. — Il est vrai que nous avions travaillé de longue date à faire naître cet état d'esprit dans notre pays; en fondant ici il y a trois ans l'association des catholiques de la Mayenne dont le conseil d'administration, comprenant 14 monarchistes et 1 républicain, avait donné l'exemple de la largeur de ses idées en nommant président celui de ses membres qui appartient à l'opinion républicaine. Oui, Monsieur l'abbé, votre thèse est vraie, et mieux vaut s'exposer à des échecs passagers en combattant *sous sa bannière* que de rassembler des troupes sans cohésion... etc. (1) ».

**

Nous devons aux électeurs, au pays, l'affirmation de nos croyances catholiques et de nos droits.

Dans son excellent ouvrage : *les Vrais principes de l'Action catholique*, M. l'abbé Caron décrit très exactement le mal incalculable causé par les trahisons du libéralisme (2). Après avoir mis en opposition les déclarations pompeuses et sonores de M. Piou, dans les banquets et les congrès catholiques, avec sa propre conduite comme candidat évitant soigneusement de prononcer le nom de Dieu, il ajoute :

L'Action Libérale érige en principe cet aphorisme : que le catholicisme, en tant que catholicisme, et se présentant comme tel, est impuissant à triompher dans les luttes présentes. Les catholiques sont invités en conséquence à dissimuler leurs principes et à se présenter devant l'opinion nationale seulement comme des citoyens qui, forts du droit commun, revendiquent leur part de commune liberté, au nom des

(1) *La Vérité*, 2 juin 1906.
(2) 1re partie, chap. III.

principes de liberté, d'égalité et de fraternité, inscrits dans la Déclaration des droits de l'homme.

On leur apprend aussi que, pour fortifier leurs revendications, ils doivent se réclamer de toutes les bonnes volontés, se confondre, se noyer, si possible, dans l'armée des honnêtes gens, et qu'ils finiront ainsi, tous unis sous le drapeau libéral, par faire triompher la cause de la seule liberté « en tout et pour tout ».

Si les libéraux ne se rendent pas à la force de la vérité, celle des événements devrait suffire à les convaincre. Du jour où leur programme fut appliqué, la déroute commença. Voici ce qu'écrivait un homme politique mêlé depuis plus de vingt ans aux événements de France, après les élections de 1893.

Une statistique consciencieuse des suffrages exprimés, dans les scrutins des 20 août et 3 septembre, donne les résultats suivants :

Union conservatrice, **997.598** ; ralliés, 569.942 ; gauche libérale, 516.498 ; opportunistes, 2.464.902 ; radicaux, 1.027.757 ; socialistes, **549.064**; révisionnistes, 188.770.

En 1889, la statistique indiquait, au contraire : Union conservatrice, **3.444.978** ; revisionnistes de gauche, 629.955 ; opportunistes et indépendants, 2.980.540 ; radicaux, 981.400 ; socialistes, **90.593**.

Ces chiffres ont une douloureuse éloquence, une éloquence qui alarme notre patriotisme, qui inquiète nos âmes, qui nous fait redouter à bon droit les plus sinistres entreprises.

Leur caractéristique réside, en effet, dans l'amoindrissement des voix conservatrices, de ces voix qui s'étaient unies et groupées pour la défense sociale et religieuse, et, d'autre part, dans l'immense progrès des voix socialistes, passées de 90.000 à 549.000.

Nous n'avons aucune peine à avouer que, dans les voix opportunistes de 1889, la part à faire à la gauche libérale était inférieure à la part qui lui revient en 1893 ; mais cela ne compense pas et n'atténue pas le mouvement qui emporte la France vers les partis de révolution, et contre lesquels les résistances conservatrices étaient, à coup sûr, plus efficaces que ne peuvent l'être les velléités d'un parti libéral, auquel il manque le courage, l'énergie et le sentiment complet des nécessités religieuses. Quel est, en effet, celui des candidats de la gauche libérale qui a mis dans son programme l'abrogation de la loi scolaire et de la loi militaire ?

On peut le chercher, on ne le trouvera pas. Lorsqu'en présence de ces résultats on reçoit d'un écho lointain, mais très affirmatif, cette appréciation fantaisiste que l'unité nationale est refaite, en France, comme au temps de Henri IV, on reste confondu et humilié d'une semblable interprétation des faits et de leurs conséquences.

L'Unité nationale, pour la France, suppose, en effet, que Dieu et la religion sont directement associés à tous les actes de la vie publique, que le pouvoir est franchement chrétien, qu'il fait acte de foi, qu'il convie le peuple entier à des solennités où la patrie se place sous la protection du Dieu créateur et providence (1).

Et pour ne citer par le détail qu'un exemple du succès de cette politique libérale, voici les graves paroles qu'on lisait dans la *Semaine religieuse* de Luçon, à la fin d'août 1893 :

La Vendée catholique n'a point le droit de se glorifier des élections législatives du 20 avril 1893.
Sur **100.000** votants de ce département, **48.000** ont donné leurs voix aux candidats les moins favorables à la cause religieuse, libres-penseurs plus ou moins déclarés, résolus à défendre et à maintenir les lois oppressives contre lesquelles nous avons, nous chrétiens, enfants de l'Eglise, le rigoureux devoir de protester et de lutter...
Puisse une certaine bonne foi, à laquelle nous essayons de croire, servir d'excuse devant Dieu pour ces électeurs qui, chrétiens à l'Eglise, portent à la religion les coups les plus déplorables par leur façon de voter ?
Je sais bien qu'on a osé mettre en avant, durant la période électorale, un argument étrange ; on a dit par la voix de la presse, et sans doute aussi dans les réunions publiques :
« Electeurs catholiques, et vous, *prêtres du diocèse de Luçon* (quel comble d'impudence ?) rappe-

(1) *La Vérité*, 9 septembre 1893.

lez-vous, au moment où va s'ouvrir le scrutin, qu'en votant ou en faisant voter pour les candidats réactionnaires (c'est ainsi qu'on désigne les candidats catholiques) vous commettrez un acte grave de désobéissance vis-à-vis du chef suprême de l'Eglise.

On a répété partout que le Pape *condamne* les candidats réactionnaires, que Mgr l'évêque de Luçon, lui-même est en désaccord avec le Souverain Pontife, calomnie qui devrait faire rougir ceux qui s'en rendent coupables.

Mais comment les électeurs catholiques ont-ils pu se laisser tromper? Est-ce par des journaux ennemis de l'Eglise qu'ils doivent se faire renseigner sur les vraies intentions du Souverain Pontife?

Peut-on ignorer que le Pape, en nous conseillant d'accepter le *gouvernement établi,* fait cependant un devoir à tous les catholiques « de combattre, par tous les moyens légaux et honnêtes, les abus progressifs de *la législation* » et, par une conséquence nécessaire, de « voter seulement pour des hommes qui ont déjà mérité ou qui doivent bien mériter du nom chrétien »... ?

On sait les progrès accomplis depuis lors. Et pour nous en tenir aux plus récents, même en mettant de côté tout esprit de récrimination, il est impossible de ne pas redresser les fausses appréciations de l'*Osservatore Romano*, citées dans l'avant-propos de ce livre.

On est d'abord surpris d'y rencontrer une

contradiction assez apparente. Il y a quelques mois, quand l'*Osservatore* dénonçait, sans motif, le projet d'entraver l'*Action Libérale* dans les élections, il reconnaissait volontiers que, le scrutin une fois passé, il pourrait y avoir lieu d'examiner si quelque changement à cette organisation ne serait pas utile. Aujourd'hui, elle s'impose à tous, « c'est à elle qu'est réservé l'avenir ». A quoi tient ce revirement? Le succès, même le plus brillant, devrait-il suffire à en décider, quand des questions de principe aussi graves que celles du libéralisme se trouvent en cause? Beaucoup d'esprits, en France, manquent de cette souplesse italienne.

Les deux faits auxquels l'*Osservatore* rattache son espoir sont l'introduction d'un *ver rongeur* au sein du Bloc et la force croissante de l'*Action Libérale*.

Le ver rongeur, c'est la discorde entre les groupes de la majorité sur la question des réformes sociales, imposée par la prépondérance des socialistes, succédant à l'accord de ces groupes dans l'anticléricalisme. Quelle illusion de croire que l'anticléricalisme est usé! La guerre à la religion continuera longtemps encore, hélas! de rallier tous les sectaires sous un même drapeau ; quant aux progrès du collectivisme, ils s'accompliront, non sans tiraillements, mais sans amener aucune scission dans un parti où les peureux suivent toujours les violents.

L'autre fait n'est pas moins contestable. De prime d'abord, ce chant de victoire en l'honneur de l'*Action Libérale* a quelque chose de déconcertant. Comment! nous n'avons donc pas été écrasés dans les élections? L'*Action Libérale* n'était donc pas notre meilleure, notre unique organisation? L'opposition, le parti honnête et religieux est en pleine déroute, et l'*Action Libérale*, qui en était l'âme et l'espoir, triomphe? Mystère et merveille.

Elle seule, nous dit-on, a réussi à maintenir intacte sa position. Admettons ce résultat, admettons-le de confiance.

Je demande s'il y a de quoi être si fier, si ce grand succès n'est pas un piteux échec. Voilà donc tout l'effet de ces magnifiques promesses dont on berçait Rome et la France? car Rome les a entendues comme nous. Tant d'efforts, de sacrifices, d'abnégation, et les catholiques de tout parti en ont été prodigues en faveur de l'*Action Libérale*, quoi qu'on ait dit avec ingratitude, tout cela aboutit à faire rentrer à la Chambre un groupe identique en nombre et en valeur à celui que nous avons vu s'aplatir devant Rouvier? Et c'est là-dessus qu'on fonde ces objurgations aux catholiques français de ne songer à rien de mieux !

Eh bien ! non, le désastre n'a pas été aussi complet, aussi humiliant. Mais il ne faut pas que l'*Action Libérale*, à qui il appartenait de le prévenir, soit mise aujourd'hui hors de cause. Elle s'en tire vraiment à trop bon compte. La défaite des autres est aussi la sienne, et les succès qu'elle s'attribue ne sont pas tous siens.

L'*Osservatore* a une curieuse façon de présenter ces succès :

« Le premier de ces faits, qui nous paraissent dignes d'être notés, c'est la fortune diverse rencontrée dans les urnes par les trois partis qui formaient l'opposition antiblocarde, dans la Chambre défunte : les *nationalistes*, les *progressistes*, et les *conservateurs*. Tandis que les deux premiers partis ont perdu, dans les récentes élections, l'un la moitié, l'autre le tiers de leurs représentants, le seul qui ait réussi à maintenir intacte sa position est le parti représenté par l'*Action Libérale*, sous la bannière de laquelle M. Piou, exclu de la Chambre aux précédentes élections et maintenant réintégré au premier scrutin, a cherché à organiser les forces catholiques. »

Il y a là une équivoque qui ne peut être tolérée, lâchage peu honorable, d'une part, et, de l'autre, accaparement injuste. L'*Osservatore* a bonne grâce, vraiment, à opposer la déconfiture des nationalistes et des progressistes à la position avantageuse des conservateurs, dont il attribue en bloc tout le bénéfice à l'*Action Libérale*. Il oublie seulement qu'elle avait partie bien plus liée avec les nationalistes, et même avec les progressistes, qu'avec les conservateurs, dont un bon nombre se sont présentés sans elle, ou malgré elle. Sa sympathie, son appui, son concours n'allaient pas moins à ceux-là qu'à ceux-ci. Tourner aujourd'hui le dos aux uns et attirer tous les autres sur son cœur serait d'un naturel bien oublieux, bien volage.

Les profits et pertes de l'*Action Libérale* se chiffrent tout autrement. Si l'on veut en avoir une idée exacte et mesurer ses progrès réels, il faut examiner le chiffre de voix recueillies par les différents partis au premier tour de scrutin, celui où se révèle le plus sincèrement l'état d'esprit des électeurs. Peu importe qu'ensuite ce chiffre de voix se trouve mal en rapport avec le nombre de sièges obtenus, par suite de la retraite de nombreux candidats.

Ce travail a été fait avec beaucoup de soin par la revue de l'*Action catholique française*. Elle divise l'opposition en progressistes, nationalistes, libéraux, qui représentent l'*Action Libérale*, et conservateurs, c'est-à-dire candidats monarchistes, catholiques, indépendants des autres classes.

Or, les candidats de cette dernière catégorie, laquelle est en dehors de l'*Action Libérale* et plus affirmée qu'elle dans l'opposition politique comme dans la défense catholique, ont *gagné* au premier tour de scrutin 333.555 voix sur le premier scrutin de 1902, les libéraux en ont *perdu* 248.064; les nationalistes ont également perdu 245.731 voix, et les progressistes 233.580.

D'où il résulte que, seuls, les partisans de l'affirmation catholique et de la résistance politique se sont trouvés en progrès, tandis que tout le reste de l'opposition, la cause libérale, sous ses dénominations différentes, et sans en excepter l'*Action Libérale*, était en baisse.

Donc, non seulement l'*Action Libérale* a sa part dans l'échec des nationalistes, voire de certains progressistes, mais, pour son propre compte, elle a perdu du terrain.

Nous aurions préféré nous abstenir de ces constatations, du moins nous sommes-nous efforcés de n'y mêler rien d'amer, mais elles devenaient nécessaires, en présence des exhortations de l'*Osservatore*. Il y va des principes dont l'abandon a tout compromis en France.

Ce journal semble s'en rendre compte, puisqu'il parle, langage que nous sommes heureux d'entendre et dont on nous avait trop déshabitués, de ce parti représentant la France qui, *avant de penser et de se préoccuper si elle doit être républicaine ou monarchiste, a à se rappeler, si elle ne veut faillir à ses traditions les plus glorieuses, qu'elle est essentiellement et sincèrement catholique.*

Toute la question, en effet, est là. Mais faire honneur à l'*Action Libérale* d'être ce parti et de sauver cette tradition, c'est comme si l'*Osservatore* disait, toute comparaison à part : la République française continuera d'être respectueuse de notre foi, selon ses traditions glorieuses, ou : les comités royalistes de l'*Action française* s'abstiendront de toute opposition politique, selon leur tradition.

Il s'agit de savoir si nous allons, enfin, en France nous comporter comme un parti, une opposition essentiellement et sincèrement catholique, ou, rester, selon la tradition de la ligue de M. Piou, dans les errements du libéralisme.

Une instruction du cardinal Rampolla donnée, au nom de Léon XIII, à l'archevêque de Bogota, en 1900, conseillait aux catholiques de ne pas s'intituler LIBÉRAUX *dans les luttes politiques*... Ah! si le cardinal Rampolla nous avait donné le même conseil!... On ne verrait pas les candidats de l'*Action Libérale*, et son chef en tête, non seulement se poser en *libéraux* devant le pays et leurs électeurs, mais taire leur titre de catholiques.

Enfin notre résistance doit être une résistance catholique, la résistance d'hommes qui ont en main une cause sacrée, d'hommes convaincus que leurs droits sont imprescriptibles, et qui, chargés de l'honneur de Dieu et de l'Eglise, ne permettront jamais qu'on l'outrage impunément devant eux.

Il est douloureux d'avoir à constater les capitulations de l'Action Libérale, vraie flétrissure pour la cause catholique.

Sans en faire l'énumération pénible, qu'il suffise de rappeler que presque tous ses membres, à la Chambre, depuis les nouvelles élections, ont craint de se prononcer contre l'affichage du discours de M. Clemenceau en réponse à M. Jaurès. Ils ne se sont pas souvenus que le président du Conseil est l'ennemi acharné de l'Eglise, qu'il la poursuit ouvertement de sa haine, qu'il s'est montré plus fanatique que tous les autres dans la séparation de l'Église et de l'État, combattant l'article 4 contre Jaurès lui-même ; et, sans doute, ils n'ont ressenti aucune indignation, lorsque, dans ce même discours, M. Clemenceau outrageait l'Église et bafouait le Christ, en dénonçant la faillite de son enseignement social.

Ce triste incident a suggéré à M. Auguste Roussel ces trop justes réflexions :

> N'était-ce pas un devoir aussi pour M. Jacques Piou, qui a l'ambition de diriger la masse électorale contre les maîtres du jour, de faire ressortir, avec toute son éloquence, et l'insanité perverse des programmes radical et socialiste, et, par contre, la fécondité, pour l'intérêt des masses et la paix sociale, des idées dont il poursuit le succès ? Ainsi mise au fait des divers programmes qui se disputent son choix,

l'opinion attentive eût été mieux à même de se prononcer raisonnablement.

Mais il y a une lacune plus douloureuse aux cœurs chrétiens que ce silence des chefs de groupes de la droite. Pour nous, ce qui nous opprime bien davantage, c'est ce qui s'est passé quand M. Clemenceau, par deux fois, dans ce fameux discours qui va être affiché partout, a osé mettre en cause la personne divine de Notre Seigneur pour signaler ce qu'il a appelé la faillite de son enseignement social.

Comment se fait-il qu'en ce moment pas une protestation ne se soit élevée des rangs de la droite catholique, que pas un cri de réprobation indignée n'ait jailli des poitrines de tous ces baptisés, qui n'ont pas renié leur baptême et qui, mieux que personne, pouvaient répondre victorieusement à un tel blasphème?

Oui, certes, l'occasion était belle pour fermer à jamais la bouche aux contempteurs de l'œuvre chrétienne. Quel discours admirable il eût été facile de prononcer rien qu'avec l'exposé de tout ce que le peuple, depuis des siècles, doit à l'enseignement de Jésus-Christ et à la charité de l'Eglise formée sur cet enseignement !

CONCLUSIONS

Les conclusions à tirer sont fort claires. Il faut les regarder en face, ce n'est pas le moment de farder la vérité.

Encore une fois, nous mettons toutes les bonnes intentions hors de cause; nous n'avons garde d'identifier les vraies directions pontificales avec la politique de ralliement, ni ce qui a été avec ce qui aurait pu être. Ces réserves, auxquelles aucun esprit sincère ne se refuse, volontiers nous en donnons acte de nouveau.

Mais, cela fait, qu'on ne nous demande pas d'envelopper avec soin nos conclusions dans ces réticences, ces atténuations, ces ménagements de toute espèce, où tant de gens se complaisent, et qui sont pour eux l'accompagnement nécessaire de la vérité, peut-être parce qu'ils leur servent de prétexte pour se dispenser de la reconnaître. Il est temps enfin de se placer franchement en présence de la situation.

Ces conclusions nettes, formelles, auxquelles il nous semble impossible d'échapper, sont celles-ci :

La politique de ralliement a été une immense erreur, une immense injustice, et un désastre.

Le premier pas nécessaire pour se relever du désastre sera de reconnaître l'erreur et de réparer l'injustice.

L'erreur fut de marcher au rebours des prescriptions de l'Encyclique. La politique, qu'elle reléguait au second plan, a tout primé, beaucoup plus qu'auparavant, et au profit d'une cause détestable; tandis que la défense de nos droits catholiques, que le Pape nous pressait de faire passer avant tout, est devenue question très secondaire.

La conséquence de cette erreur a été une odieuse injustice. Ceux qui plaçaient l'honneur et le salut de la cause religieuse avant le triomphe d'une politique pleine d'embûches ont été signalés partout comme réfractaires aux directions de l'Eglise, exclus des rangs de ses défenseurs officiels, reniés et combattus par es catholiques républicains.

Et ce n'a pas été seulement le fait des exaltés. L'Action Libérale et tout ce qui se réclamait du ralliement a trempé dans cette injustice comme dans cette erreur.

La paix ne commencera à renaître parmi les catholiques et l'union ne redeviendra réalisable que le jour où les autorités dont le nom, par un incroyable abus, a couvert depuis si longtemps ces excès, les aura désavoués, non pas seulement dans l'intimité de conversations particulières, mais par le refus public de se prêter à cet abus.

Ce ne sont pas là des conditions qu'on aurait l'insolence de poser, c'est la constatation évidente d'un état de choses.

Ce jour-là, dis-je, si nos chefs légitimes veulent ramener indistinctement tous les catholiques à une franche action religieuse, sur le terrain constitutionnel tel que l'Eglise l'a toujours entendu, ils pourront faire concorder les efforts.

Quant à l'Action Libérale, il faudrait en changer le nom, le programme et la direction. Le reste pourra être conservé, si l'on veut.

Le nom est équivoque, le programme est faux, la direction mauvaise.

Tous les compromis s'abritent sous ce nom de *libérale;* il manque l'essentiel à ce programme et ses affirmations sont douteuses; la direction répond nécessairement au programme et au nom qu'elle a choisis.

La France est encore chrétienne, quoi qu'en disent certains démocrates qui trouvent, à le nier, l'avantage de se soustraire au devoir d'agir en représentants d'une nation catholique; la France chrétienne sera sauvée par ceux qui sauront réveiller sa foi, au lieu de l'endormir, qui en connaîtront les merveilleuses ressources et qui, devant le pays, au parlement, partout, la professeront courageusement, s'honorant de défendre, avant les droits de la liberté commune, les droits de Dieu et l'indépendance de l'Eglise.

Les catholiques libéraux de 1830 avaient, les premiers, pris pour devise : Dieu et Liberté (1) ! L'histoire leur devra du moins cette justice qu'ils ont porté fièrement devant leurs adversaires le nom de Dieu, et servirent la liberté par de grands et glorieux combats.

Ceux d'aujourd'hui, leurs héritiers, ne parlent de Dieu qu'à bon escient, et travaillent avec prudence pour la liberté.

C'est le progrès de notre démocratie.

(1) C'était la devise de *l'Avenir*.

APPENDICE

L'OSSERVATORE ROMANO
ET
LA RÉHABILITATION DE DREYFUS
14 juillet 1906

On lit, à cette date, dans ce journal :

Paris, 13. — Tous les journaux républicains considèrent l'affaire Dreyfus comme définitivement terminée. Ils rendent tous hommage à l'impartialité de la Cour de cassation, dont les membres étant parvenus au sommet de leur carrière, n'ayant plus rien à espérer ni à désirer, ne pouvaient pas ne pas être d'une absolue impartialité.

Suivent d'abord des extraits du *Matin*, du *Gil Blas*, du *Rappel*, de *l'Aurore*, de *la Petite République*, de *l'Humanité*, puis de *l'Echo de Paris*, du *Figaro*, de *l'Eclair* et du *Gaulois*, avec le *Radical* entre ces deux derniers.

Voici maintenant l'article de fond, sous ce titre : *L'Ultima Parola*. Nous en donnons la traduction littérale.

Les nouvelles de France apportent que la Cour de cassation, réhabilitant complètement Dreyfus, est accueillie avec beaucoup d'indifférence, parce que tout le monde s'y attendait. Et il ne pouvait en être autrement, puisque, depuis que fut décidée la révision du procès de Rennes, vu et entendu que le traître présumé avait été gracié et était libre, il ne s'agissait que de la revanche complète, de la réhabilitation du condamné, revanche et réhabilitation qui tenaient à cœur à l'hébraïsme français et cosmopolite, qui tenaient à cœur à tous ceux qui, dans la grande lutte de la pensée laïque, sont toujours avec les juifs, les défendent, les assistent, les couvrent de leur poitrine, au nom de la fraternité judéo-maçonnique.

Maintenant le dernier mot a été prononcé, le capitaine Dreyfus a été absous de toute imputation, *et, non seulement nous nous inclinons devant la sentence, mais encore nous en sommes enchantés et nous en félicitons avec celui qui en est le héros*, plus fortuné que tant d'autres qui, pourtant condamnés innocents, n'ont jamais trouvé *un Zola fulminateur*, un monde entier en armes pour les défendre, les libérer, les réhabiliter, et cela peut-être parce qu'ils n'étaient pas juifs, peut-être parce qu'ils n'étaient pas revêtus de l'habit de moine, peut-être parce qu'ils avaient une conviction religieuse.

Nous sommes enchantés cependant que, pour Dreyfus, on ait fait justice, et condamnons comme nous avons toujours condamné ceux qui, pour des motifs occultes, dans un but frauduleux, ont falsifié des documents, caché la vérité, ont mis en œuvre l'imposture et la ruse, pour arriver à l'accomplissement de leurs louches desseins.

Et si quelqu'un, quel qu'il soit, s'est employé pour que la vérité puisse finalement triompher et contribuer au triomphe final de la justice, il doit recueillir nécessairement les louanges de tout le monde civilisé.

Suivent des observations sur l'identification que font certains journaux italiens du triomphe de Dreyfus avec celui de l'anticléricalisme et du rationalisme politique. Après quoi, l'*Osservatore*, revenant à la France, ajoute :

Avec cela, nous n'entendons pas mêler les nationalistes aux catholiques, puisque, pendant que les premiers, aveuglés par la passion politique, se mettaient dans le troupeau des détracteurs intéressés de l'officier juif, les seconds suivirent une politique purement défensive, ou, tout au plus, firent silence devant la sentence d'un tribunal français qui, jusqu'à preuve du contraire, devait être juste.

Ne voilà-t-il pas une distinction heureuse et flatteuse pour les uns comme pour les autres?

L'*Osservatore* nous semble de plus en plus difficile à comprendre, quand il poursuit :

Les catholiques français, en face du débordement du judaïsme qui voulait Dreyfus innocent avant que ce fût prouvé, en face de cet hébraïsme qui déclarait une guerre de religion au nom d'un homme choisi comme drapeau et symbole d'intolérance et de tyrannie, se défendirent et firent bien.

Ils firent ce qu'ils devaient faire.

Ils seront les premiers à se raviser, joyeux que sur la terre de France s'aligne un traître de moins, un de ces délinquants ignobles, etc...

Maintenant, si les Français, nationalistes ou catholiques, avaient par hasard besoin d'apprendre à quel point ils peuvent, à leur tour, en prendre à leur aise avec les jugements de l'*Osservatore Romano*, il suffirait de rappeler un autre incident politique qui ramènerait celui-ci et beaucoup d'autres à leur juste valeur. Il servit en effet d'occasion à une déclaration du Secrétaire d'Etat dont nombre de gens en France auraient à faire leur profit.

On sait qu'une ligue s'est formée entre les catholiques anglais groupés autour du duc de Norfolk, et les catholiques américains groupés autour de Mgr Ireland, pour propager en Europe, et surtout à Rome, cette idée que la domination britannique favorise partout l'extension du catholicisme.

A l'époque de la guerre des Boërs, ils eurent à craindre que les jugements sévères portés sur la conduite politique des Anglais ne fissent tort à leur cause. Les critiques fréquentes de l'*Osservatore Romano* leur étaient particulièrement sensibles. Enfin le duc de Norfolk en écrivit au cardinal Rampolla, le 16 janvier 1900, au nom du Conseil de l'Union catholique de la Grande-Bretagne.

Nous citons un passage de sa lettre :

Nous nous aventurons donc à représenter à Votre Excellence que ce fait qu'un journal, passant généralement pour exprimer des opinions en harmonie tout au moins avec les vues générales du Saint-Siège, montre une prévention déloyale envers l'Empire Britannique, produit un effet malheureux et dommageable en ce pays sur l'esprit de beaucoup qui, sans être catholiques, sont disposés à considérer le Saint-Siège avec respect, et cause une très grande peine et un très grand découragement à beaucoup de catholiques eux-mêmes.

La réponse du Cardinal Secrétaire d'Etat, en date du 13 février, commence par cette déclaration :

Je dois d'abord déclarer que l'Osservatore Romano, bien que recevant comme certains autres journaux catholiques italiens une subvention du Saint-Père, — n'est ni un organe officiel, ni un journal officieux du Saint-Siège, à l'exception de la colonne intitulée : Nostre informazione. *Les opinions et jugements qui peuvent être exprimés dans les articles publiés dans les autres parties du journal ne peuvent donc être attribués au Saint-Siège.*

TABLE DES MATIÈRES

Avant-propos.................................. ɪ

CHAPITRE PREMIER
Le Pape et la Politique.

Thèse, p. 9. — Distinction du domaine politique et du domaine religieux, p. 9. — Déclaration du Cardinal Antonelli, p. 11; — de Léon XIII, p. 12. — L'absolue suprématie du Pape d'après l'*Osservatore romano*, p. 13 ; — d'après *la Croix*, p. 16. — Erreur de traduction dans l'Encyclique *Sapientiæ christianæ*, p. 19. — L'infaillibilité, l'autorité en morale et en politique, p. 21. — Autres articles de l'*Osservatore Romano* sur le magistère indéfectible en politique, p. 22 ; — sur l'audience de M. Ernest Judet, p. 24. — Sur la souveraineté du peuple, p. 27. — Réponse de l'*Osservatore* à la *Gazette de France*, p. 29. — Déclaration de M. l'abbé Fichaux, p. 31. — L'*Osservatore Romano* et la réhabilitation de Dreyfus, p. 32.

CHAPITRE II
Les Directions pontificales de Léon XIII

Thèse, p. 33. — Le sens de l'Encyclique, p. 34. — L'Encyclique avant la lettre, p. 34. — Un commentaire de *la Vérité*, p. 35. — Confirmation par le Livre Blanc, p. 39.

— La genèse des Directions pontificales, p. 40. — Gambetta et l'avènement de Léon XIII, p. 42. — Mgr Czacki et le marquis de Dreux-Brézé, p. 44. — La situation au début de ces directions, p. 49. — Récit du R. P. le Doré, p. 50. — Le Pape n'entre pas dans la politique : article de l'*Osservatore romano*, p. 52. — Léon XIII et les élections législatives en France, p. 54. — Une tactique électorale, p. 57. — Confusion entre les enseignements et la politique de Léon XIII, p. 60. — Résistance initiale : M. P. Veuillot, p. 63. — Paroles du Cardinal de Lavigerie, p. 64. — Entraînements : Discours de M. François Descostes et lettre du cardinal Rampolla, p. 66. — Pression inouïe, p. 69. — Léon XIII rétablit la situation exacte, p. 71. — Lettre de Mgr di Rende au Baron Tristan Lambert, p. 71. — Ce qu'on perdait de vue, p. 72. — Les Cardinaux et la République, p. 76. — Révolte légitime, p. 77.

CHAPITRE III

L'action Libérale Populaire

Thèse, p. 80.

§ 1. — L'ORGANISATION POLITIQUE DU RALLIEMENT. — Albert de Mun, p. 82. — M. Étienne Lamy, p. 83. — L'aurore de l'Action Libérale Populaire, p. 84. — La fondation d'un grand journal, p. 86. — M. Piou et la nonciature, p. 87. — La Ligue des femmes françaises, p. 89. — M. Keller et le Comité de défense religieuse, p. 93. — L'accord sans distinction de partis, p. 96. — Election sénatoriale en Maine-et-Loire, p. 97. — Déclarations d'un ancien président de l'A.C.J. F., p. 100. — L'abstention politique dans l'A. C. J. F., p. 101. — La résistance religieuse et les principes de la Révolution, p. 103. — L'*Osservatore Romano* et l'élection de M. l'abbé Gayraud, p. 106. — Catholique avant tout, p. 107. — Catholiques et régaliens, p. 109. — Réplique d'un prêtre royaliste, p. 113. — Autre réplique d'un religieux, catholique avant tout, p. 120. — Explications de l'*Osservatore*, p. 124. — Seconde réplique d'un religieux, catholique avant tout, p. 130. — La cause des confusions, p. 140. — L'occasion de l'Encyclique, p. 141.

§ 2. — L'erreur libérale et la direction de M. Piou. — Article de M. Gaston David : L'Encyclique appelle la formation d'un parti essentiellement républicain et essentiellement libéral, p. 143. — Réserves d'Eugène Veuillot, p. 147. — Le chemin qu'ont fait à *l'Univers* les Directions pontificales, p. 149. — L'étiquette libérale, p. 155. — Réclame libérale de M. Piou, p. 158. — M. Briand et la « pensée française », p. 159.

§ 3. — Le programme minimum. — La seule idée d'un tel programme contredit celle d'une résistance énergique p. 160. — L'invention en est due à M. Piou, p. 161. — M. François Descotes veut donner des ailes à l'idée lumineuse de M. Piou, p. 167. — Américanisme français, p. 167. — Un discours de M. Constans : pas de neutralité, p. 169. — *L'Observateur français* et le désarmement, p. 173. — Le cardinal Thomas, p. 175. — Approbation de *l'Observateur français*, par le cardinal Rampolla, p. 176. — Un article du *Moniteur de Rome*, p. 177. — Le vrai sens de cette idée, p. 179. — Les appréciations de *la Vérité*, p. 180 ; — de M. Jules Delahaye, p. 184. — Singuliers prétextes donnés par *le Moniteur de Rome*, p. 189. — Il dévoile toute la tactique, p. 191. — « Comme les socialistes », p. 196. — La tactique, nécessaire, selon M. Desgrées du Lou, p. 200. — Réplique d'un lecteur, p. 207.

§ 4. — Le droit commun. — Distinction entre le bénéfice du droit commun et l'acceptation du principe, p. 212. — « Demain » : le *Syllabus* et le droit commun, p. 214. — M. Piou préconise l'acceptation du principe, p. 215. — *L'Univers* et le terrain de combat, p. 216. — L'Action Libérale et le Droit commun, p. 218. — Opposition directe avec l'Encyclique sur le ralliement, p. 219. —

Un article de *la Vérité*, p. 220. — Passage de l'Encyclique, p. 223. — Conclusion d'une étude de l'abbé Klein, p. 225. — Observations de la *Semaine religieuse de Cambrai*, p. 226.

CHAPITRE IV
Soyons catholiques

La France est encore chrétienne, p. 230. — Négations intéressées, p. 230. — Graves avertissements de Léon XIII, p. 232. — Catholiques libéraux d'autrefois et d'aujourd'hui, p. 235. — Il nous faut des candidats catholiques, p. 237. — Les dernières élections : l'Action Libérale et M. Millerand, p. 237. — La candidature de M. le commandant de Cossé-Brissac, p. 238. — L'Action Libérale, *la Croix* et la brochure électorale : *Les élections et le Bloc!...* p. 241. — La *Semaine religieuse de Nice* réprouve les élections catholiques de la Mayenne, p. 244. — Les choix de M. Pierre Veuillot, p. 245. — L'*Osservatore* et les dénominations de parti, p. 247. — M. Pierre Veuillot et la cocarde catholique, p. 249. — Où *l'Univers* en vient aujourd'hui, p. 250. — La vertu du nom de catholiques, p. 251. — L'exemple de la Belgique, déclaration de M. Wœste, p. 252. — Lettre de Mgr l'Evêque de Liège, p. 253. — Etrange assertion de M. G. Vanneufville, p. 256. — La peur d'un parti catholique, p. 257. — Heureuses initiatives, p. 259. — L'Action Libérale et l'affirmation catholique, p. 260. — Les résultats de 1893, p. 261. — Les élections de 1906 : *l'Osservatore et l'Action Libérale*, p. 263. — La résistance catholique et l'*Action Libérale* dans la nouvelle Chambre. Réflexions de M. Auguste Roussel, p. 271.

Conclusions, p. 274.
Appendice, p. 278.

Poitiers. — Impr. Blais et Roy, 7, rue Victor-Hugo.